Joseph Becker

Die Entwicklung der Dienerrolle bei Moliere

Joseph Becker

Die Entwicklung der Dienerrolle bei Moliere

ISBN/EAN: 9783743406025

Hergestellt in Europa, USA, Kanada, Australien, Japan

Cover: Foto ©ninafisch / pixelio.de

Weitere Bücher finden Sie auf **www.hansebooks.com**

Programm

des

Bischöflichen Gymnasiums

an

St. Stephan zu Straßburg.

VIII.
Schuljahr 1889–1890.

Inhalt:

1) **Die Entwicklung der Dienerrolle bei Molière.** Vom Gymnasiallehrer Joseph Becker.
2) **Schulnachrichten.** Vom Direktor Dr. Fuß.

1890, Progr. Nr. 611.

Straßburg,
Buchdruckerei von E. Bauer, Langstraße, Nr. 101.
1890.

Programm
des
Bischöflichen Gymnasiums
an
St. Stephan zu Straßburg.

VIII.

Schuljahr 1889—1890.

Inhalt:

1) **Die Entwicklung der Dienerrolle bei Molière.** Vom Gymnasiallehrer Joseph Becker.
2) **Schulnachrichten.** Vom Direktor Dr. Fuß.

1890, Progr. Nr. 511.

Straßburg,
Buchdruckerei von E. Bauer, Langstraße, Nr. 101.
1890.

Die Entwicklung der Dienerrolle
bei Molière.

Das Jahr 1653 hatte in das Wanderleben der Molièreschen Truppe eine Ruhepause gebracht; sie hatte in Lyon einen längeren Aufenthalt genommen, der sehr bedeutungsvoll wurde für Molière. Er stand damals im einunddreißigsten Lebensjahre; die Erfahrung und das Studium acht wechselvoller Jahre hatten ihn mit dem Leben der Bühne und den damaligen theatralischen Überlieferungen vollständig bekannt gemacht. In Lyon, wo die italienische Komödie eine ausgedehnte Pflege fand, bekam der herangereifte, erfahrungsreiche Künstler neue Anregung und trat mit einer eigenen Komödie hervor, die den Titel führte:

L'Étourdi ou les Contre-Temps.

Célie, eine schöne Sklavin, ist durch Zigeuner einem alten Manne, Trufaldin, als Pfand überlassen worden. Zwei junge Männer, Lélio und Léandre, die früher beide Hippolyte, die Tochter Anselms, geliebt hatten, bewerben sich jetzt gleich eifrig um die Liebe der Célie. Lélio hat als Diener Mascarille, einen Erzschurken, welcher Schlag auf Schlag die verschmitztesten Pläne entwirft, um seinem Herrn die hübsche Sklavin zu sichern. Aber alle seine Ränke und schlauen Anschläge werden vereitelt durch das unbesonnene Dazwischentreten seines Herrn. Das Stück findet seine Lösung darin, daß Célie und ihr neuer, dritter Bewerber Andrès als Kinder des Trufaldin erkannt werden und Lélio die Hand der Célie erhält. Die Mannigfaltigkeit der Ereignisse, welche sich verwickeln, ohne daß eines den mindesten Ursprung in einem vorangehenden hätte, die Reihe unverbundener Episoden, die aus dem Geiste eines an Verschlagenheit unübertroffenen Dieners erwachsen, die Unwahrscheinlichkeit in den Begebenheiten und Sitten geben der Erstlingskomödie des Dichters das vollständige Gepräge der italienischen Intriguenstücke. Als Abkömmling der Davi der antiken Komödie offenbart sich Mascarille außer in seinen intriganten Ränken auch durch seine derbe Sprache und sein rücksichtsloses Benehmen gegenüber seinem Herrn. Lélio ist in vollständiger Abhängigkeit von seinem Diener; er muß ihm auf die niedrigste Weise schmeicheln und ihn sogar in die Kneipe führen, um seinen Zorn zu besänftigen. Rückhaltlos läßt Mascarille den jungen Mann die brutalsten Worte gegen dessen Vater hören. Mit bitterem Hohn stimmt er in den triumphierenden Ton des Lélio ein, als dieser glaubt, einen Hauptstreich geführt zu haben, um ihn dann bald auf die anmaßendste Weise zu verhöhnen. Er versteigt sich selbst so weit, seinen Zorn bei günstiger Gelegenheit in der Form von schweren Stockhieben auf den Rücken seines Herrn fallen zu lassen. Die ironische Entschuldigung, die er dafür vorbringt, ist der Höhepunkt seiner unverschämten Dreistigkeit.

Trotz alledem ist Mascarille nicht ganz und gar als der Erbe der italienischen Komödie anzusehen. Er zeichnet sich unter anderm aus durch eine große Uneigennützigkeit, durch Stolz auf seine geistreiche Bosheit. Nicht Gewinnsucht, sondern allein der Ehrgeiz läßt ihn die Galeerenstrafe wagen. Den emphatischen Ton, mit dem er von den Gefahren redet, welche er zu bestehen hat, vergleicht Moland mit der Sprache eines Cid, der sich beglückwünscht ob der Gefahren, denen er trotzen will. Solche veredelnden Züge im Charakter des Mascarille erheben ihn unstreitig über die Sphären der hergebrachten Dienertypen und erhöhen den Wert dieser Intriguenkomödie, welche in Anbetracht des frischen Lufthauchs geistreicher Komik, der sie durchweht, in Anbetracht des freien, heiteren Witzes zu den Hauptwerken dieser Gattung gehört.

Drei Jahre später, gegen das Ende von des Dichters Aufenthalt in der Provinz, erschien seine zweite Komödie:

Le Dépit amoureux.

Dieses Stück verfolgt im wesentlichen dieselbe Richtung, wie das vorausgegangene, nur ist die Intrigue noch viel unwahrscheinlicher. Der Diener Mascarille ist das gerade Gegenstück jenes roi des fourbes des Étourdi. Leichtgläubig und unverschwiegen, wie er ist, fällt er in die Schlingen, die ihm gestellt werden. Eraste weiß ihm das Geheimnis von der vermeintlichen Heirat seines Herrn, des Rivalen des Eraste, zu entlocken; es ist eine äußerst komische Situation, wo er beschimpft und bedroht wird, weil er die Wahrheit gesagt hat, sich darum selber Lügen straft, bei jeder neuen Frage widerspricht und sich am Ende glücklich schätzt, mit einigen Stockschlägen davon gekommen zu sein. Valère, sein Herr, bereitet ihm ein gleiches Schicksal. Verzweiflung erfaßt ihn in der äußersten Bedrängnis, worein ihn seine unbesonnene Schwatzhaftigkeit bringt; er verflucht

die Liebe und ihre Verehrer, und als ein Zweikampf ihm angeblich den Besitz seiner
Geliebten sichern soll, da räumt er gerne seinem Nebenbuhler das Feld. Wie er durch
seine unbesonnene Schwatzhaftigkeit ein Hauptträger der Intrigue ist und die verwickeltsten
Auftritte veranlaßt, so ist seine außerordentliche Feigheit eine Hauptquelle der Komik. Eine
würdigere Aufgabe erfüllen die beiden andern Diener Gros-René und Marinette in dem
Liebeszwist des Eraste und der Lucile. Die übertriebene Eifersucht des ersteren kontrastiert
auf eine natürlich komische Weise mit dem selbstbewußten Liebesvertrauen des Gros-René.
Eraste interessirt uns in seinen leidenschaftlichen Ausbrüchen über die vermeintliche Untreue
seiner Geliebten. Gros-René, der praktische, philosophische Diener, entlockt uns herzliches
Lachen durch den unsinnigen Wortschwall, womit er seinen Herrn und sich zu trösten sucht.
Marinette spielt bei Lucile eine ähnliche Rolle, wie Gros-René bei Eraste. Der lebhafte,
wahre Verdruß ihrer Herrin erweckt unser Mitleid, während Marinette in ihren spaßhaften
Ausbrüchen höchst lächerlich erscheint. Indem der Dichter diesen doppelten Liebeshandel
darstellt, hat er allen Szenen, die ihrer Natur nach ernst, ja tragisch hätten erscheinen
müssen, einen höchst komischen Anstrich gegeben. Überhaupt hat er in diesen Charakter-
gemälden Szenen geschaffen, die weit interessanter sind, als die Überraschungen und
bizarren Verwicklungen des Hauptteiles der Komödie.

 Wieder vergingen drei Jahre; Molière hatte durch seine Erfolge in der Hauptstadt
schon den Ruf seiner Truppe begründet, als er mit seiner dritten Komödie

Les Précieuses ridicules

hervortrat. Hiermit hat der Dichter eine ganz neue Bahn betreten; er verzichtet auf die
italienischen Intriguen und chimärischen Abenteuer und führt die Sitten und Menschen
seiner Zeit auf die Bühne. Zwei Edelleute, La Grange und Du Croisy, wollen sich
rächen für die schimpfliche Behandlung, welche sie von zwei schöngeistigen Damen erfahren
haben, und kleiden ihre Diener nach Art eines Marquis und Vikomte. Durch die übertriebene, lächerliche Hervorkehrung der Eigenschaften solcher Herren, die sogar in grobe
Unschicklichkeiten ausartet, durch die höchst unnatürliche Nachäffung preziöser Manieren in
Rede und Benehmen finden die Diener bei jenen „pécores provinciales" eine begeisterte
Aufnahme. Während die allgemeine Freude ihren höchsten Ausdruck findet in einem Balle,
folgt die schmachvolle Enttäuschung; die eigentlichen Herren erscheinen, beschimpfen und
prügeln den Herrn Marquis und Vikomte, durch deren Entkleidung die Thorheit der
Preziösen vollständig blosgelegt wird. Offenbar ist nun diese erste Komödie, worin
Molière die verkehrten und lächerlichen Sitten seiner Zeit angreift, noch eine Dienerkomödie. Was die innere Wahrscheinlichkeit der Dienerrollen angeht, so scheint sie nicht
beanstandet werden zu können. Nicht auffallend und unwahrscheinlich kann es erscheinen,

daß zur Zeit, wo die Schöngeisterei gäng und gäbe war, ein überspannter Diener es unternehmen konnte, den „Mann von Stand" zu spielen und sich auf Galanterie und Reimkunst zu verlegen. Eine ebenso natürliche Erscheinung ist Jodelle, der als Höfling vorgerückten Alters mit seiner schleppenden, näselnden Sprache einen trefflichen Gegensatz bildet gegen den lebhaften Mascarille. Die niedere Bildung und dienerhafte Stellung beider leuchtet überall durch und erklärt allein die unästhetischen Vertraulichkeiten in jener Berührungsszene.

Sechs Monate nach der sehr erfolgreichen Aufführung der Précieuses erschien:

Sganarelle ou le Cocu imaginaire.

Es ist dies eine Satire gegen die Eifersucht, eine Verspottung jener Geneigtheit, nach dem Scheine zu urteilen, welche uns den größten Verdrießlichkeiten aussetzt. In dem Charakter des eifersüchtigen Ehemannes ist der tiefere Grund der Verwicklungen und originell-komischen Situationen zu suchen; die Dienerrollen haben auf die Intrigue geringen Einfluß. Gros-René erscheint nur einmal, um zu sagen, daß er müde sei und essen wolle, um uns dann über die Reise seines Herrn zu unterrichten, die dessen spätere Ohnmacht wahrscheinlich erscheinen läßt. Die Dienerin tadelt ihre Herrin, daß sie mit Thränen auf den Heiratsvorschlag ihres Vaters geantwortet habe, und gibt in sehr kräftigen Farben eine Schilderung der Annehmlichkeiten der Ehe. Sie ähnelt der Marinette des „Dépit amoureux" und ihre freie Redseligkeit vererbt sich auf Dorine und Martine.

Die heroische Intriguenkomödie Don Garcie de Navarre hat keine eigentlichen Dienerrollen, kommt also für unsere Untersuchung nicht in Betracht.

Die Sittenkomödie

L'École des Maris,

welche im Juni 1661 zur Aufführung kam, bezeichnet in der theatralischen Entwicklung des Dichters den entscheidenden Sieg der Wahrheit und des Lebens. Er eröffnet damit seine Beobachtungen und Darstellungen der Mißstände und Ungerechtigkeiten, welche im Schoße der Familie herrschen. Die École des Maris ist eine Satire gegen die tyrannische Selbstsucht der Erziehung und die herrschende Ansicht von der niedrigeren Stellung der Frauen. Die Persönlichkeit des Dieners Eraste ist kaum der Beachtung wert. Als Mensch, der viele Erfahrung hat, begnügt er sich damit, seinem Herrn einen tröstlichen Rat zu geben. Die Dienerin Lisette ergötzt durch die Lebhaftigkeit ihrer witzigen Auslassungen und bekräftigt im Stil einer Kammerjungfer die vernünftigen Prinzipien des Ariste.

Im August 1661 verfaßte Molière auf Wunsch des Finanzministers Fouquet die Ballettkomödie:

Les Fâcheux.

Eraste, ein junger Mann, Liebhaber der Orphise, findet sich überall in Erfüllung seiner Liebespflichten gestört durch lästige Menschen, die ihn umlagern. Es sind Typen, welche der noblen Welt entnommen sind, ein lustiger Marquis als Schriftsteller, ein rauflustiger Vikomte, ein aufs Spiel versessener Höfling u. s. w. Aber auch der lästige Diener fehlt nicht. Übertriebener Diensteifer macht aus Montagne einen der unerträglichsten Fâcheux für seinen Herrn. Der scherzhafte Auftritt, wo er Eraste hinhält mit dem Berichte seines Auftrags und dessen Neugier und Ungeduld aufs höchste reizt, hat seine Parallele im Misanthrope IV, 4 und im Malade imaginaire I, 6, III, 4. Übrigens bewegt sich Montagne immer in den dem Diener geziemenden Schranken. Mit Unrecht hat man wohl in 1, 1 einen Verstoß gegen die Schicklichkeit darin gefunden, daß Eraste seinem Diener seinen Verdruß klagt. Sein Herz ist eben zu voll des Ärgers und Verdrusses, so daß er sich Erleichterung verschaffen muß; in Ermanglung eines Bessern eröffnet er sich seinem Diener.

Im Jahre 1662 nahm der Dichter durch die

École des Femmes

den Kampf für den liberalen Geist in der Erziehung und Familie wieder auf. Arnolphe, ein bejahrter Mann, bewacht die naive Schönheit eines Mädchens, das er ehemals angenommen hatte, mit eifersüchtiger Sorge und trifft alle Vorkehrungen, Agnès in beständiger Kindheit zu erhalten. Er hält die geistige Ausbildung derselben unter Schloß und Riegel, weil er überzeugt ist, daß Unwissenheit das sicherste Gefängnis sei. Zur Erreichung seines Zweckes hat sich Arnolphe rohe und ungebildete Bauersleute als Diener ausgesucht. Diese geben ihm fortwährend die unangenehmsten Beweise ihrer Einfalt. Nur das Versprechen einer Belohnung öffnet ihm die Thüre, eine Ohrfeige ist seine Begrüßung. Mit naiver Aufrichtigkeit beschreibt Georgette die Traurigkeit der Agnès während seiner Abwesenheit. Ein höchst lächerliches Schauspiel gewähren Alain und Georgette durch ihr furchtsames Gebahren und ihre Fluchtversuche, als sie von Arnolphe zur Rede gestellt werden. Äußerst unangenehm aber wird für diesen selber die Szene, wo er sie belehrt, wie sie Horace, den Liebhaber der Agnès, zu empfangen hätten; denn er muß beinahe laut aufschreien unter ihren Stößen und Schlägen. Es haben diese Dienerrollen nicht den mindesten typischen Charakter.

Die École des femmes veranlaßte häufige Angriffe seitens der Gegner des Dichters;

daraufhin entstanden La Critique de l'École des Femmes und L'Impromptu de Versailles. Diese kleineren Sittengemälde und die folgenden Balletkomödien Le Mariage forcé und La Princesse d'Élide entbehren der Dienerrollen, können also füglich übergangen werden.

Die Zeit der schönsten Gunst des mächtigen Königs, die Epoche der Überzeugung und der glänzendsten Hoffnungen ließ den Dichter zu tieferen Schöpfungen übergehen, zu Tartuffe, Don Juan und Misanthrope. Das erste dieser Hauptwerke wurde unterdrückt durch eine furchtbare Opposition. Da schuf Molière ein neues Stück, welches jenem an Kühnheit gleichkam, nämlich die soziale Intriguenkomödie:

Don Juan ou le Festin de Pierre.

Die Idee, welche dieses Stück beherrscht, spricht sich aus in den Worten des Sganarelle: „Un grand seigneur méchant homme est une terrible chose." Den eigentümlichen Charakter des Dieners bezeichnet zunächst ein urwüchsiger guter Verstand; Sganarelle ist beständig aufgebracht über das schändliche Treiben seines Herrn. Vor Gusman, dem Diener der verlassenen Gattin des Don Juan, nennt Sganarelle diesen den größten Schurken, den die Erde getragen habe, einen Hund, einen Türken; dem Teufel sei besser dienen als ihm. Mit den armen Opfern der Bosheit seines Herrn beweist er großes Mitleid und warnt sie vor der Schande, die ihnen droht. Der Schmerz der unglücklichen Gattin ruft seine tiefste Teilnahme hervor, und die Warnungen des empörten Vaters gehen ihm tief zu Herzen. Nur die Furcht ist die Triebfeder seines Diensteifers; sie zügelt seine Zornesausbrüche und zwingt ihn oft, dem Beifall zu spenden, was seine Seele verabscheut; dadurch gerade wird Sganarelle in den ernstesten tragischen Szenen eine höchst spaßhafte Figur. Man vergleiche seine Auslassungen und Drohungen gegen einen vermeintlichen „libertin", die plötzliche Umkehr des Tadels gegen sich selber. Selbst in der unheimlichen Szene des Abendmahles in Gesellschaft des Kommandeurs vermögen seine Entschuldigungen, die unter Zittern und Beben vorgebracht werden, uns ein Lächeln abzugewinnen. Nur ein einziges Mal, als er nämlich seinen Herrn die Rolle eines Heuchlers übernehmen sieht, bricht sein Unwille in bittere Vorwürfe aus; doch bald kommt ihm eine bessere Überlegung, sein Ton wird mäßiger, er wird verwirrt und spricht den ergötzlichsten, gelehrtesten Blödsinn. Dieser Widerstreit seiner bessern Einsicht und seines Interesses, seines ärgerlichen Unwillens und der erzwungenen Gefälligkeit giebt, wie Auger bemerkt, dem Diener eine durchaus wahre und spaßhafte Physiognomie; seine ganze Erscheinung ist real und natürlich. Ein Don Juan konnte nur einen solchen Diener in seiner Gesellschaft haben. Auger reiht ihn nicht in die Zahl der Typen der antiken Komödie ein, sondern läßt ihn von dem Cliton des Menteur abstammen.

Auf Don Juan folgte wieder eines jener niederen Stücke mit derber Komik, welches den Krieg gegen die Ärzte begann, nämlich

L'Amour Médecin.

Ein Familienvater, dessen Herz durch Geiz verhärtet ist, will sich nicht dazu verstehen, seine Tochter ihrem Wunsche gemäß zu verheiraten und wird infolge seiner Leichtgläubigkeit das Opfer der Ränke der Dienerin. Lisette beunruhigt den Vater mit Befürchtungen für das Leben ihrer Herrin, und erhält so den Auftrag, mehrere Ärzte herbeizuholen. Nachdem die von Unsinn strotzende Beratung der vier Ärzte den besorgten Alten um nichts klüger gemacht hat, kann die Dienerin zur Ausführung ihres eigentlichen Planes schreiten und Valère, den als Arzt verkleideten Geliebten der Lucinde, einführen, damit das Liebespaar sich über eine glückliche Lösung verständigen kann.

Auf dieses Stück, das infolge der intriganten Ränke der Dienerin und der derben Komik sich offenbar in jenen hergebrachten Überlieferungen der italienischen Komödie bewegt, ließ der Dichter jene Komödie folgen, welche nach dem Ausspruche von Voltaire in ganz Europa als das Meisterwerk der erhabenen Komik angesehen wurde, den Misanthrope. Die Fassung desselben ist durchaus neu und originell; die Dienerrolle aber hat darin beinahe gar keine Verwertung gefunden. Die Art, wie Dubois sich seines Auftrags an seinen Herrn Alceste entledigt, erinnert an das Verfahren der Lisette in L'Amour Médecin I, 6 und III, 4. Das folgende Stück

Le Médecin malgré lui

führt uns wieder vollständig auf das Gebiet der Intrignenstücke, die, wie Moland bemerkt, durchaus geeignet sind, ein freies, kräftiges Lachen zu bewirken. Jaqueline, Amme der Lucinde, und Lucas, ihr Mann, dienen dem durch die Ränke seiner Frau und durch Stockhiebe zum Arzt erhobenen Sganarelle als Zielscheibe seiner groben und anstößigen Späße. Jaqueline ergötzt durch die naiv komischen Vorstellungen, die sie Géronte macht inbetreff der Verheiratung seiner Tochter, sowie durch ihre Auslassungen über die „reichen Heiraten".

Im Februar 1667 schrieb Molière zur Belustigung des Hofes die einaktige Ballettkomödie

Le Sicilien ou l'Amour Peintre.

Schon der Titel läßt vermuten, daß wir es hier wieder zu thun haben mit einem jener bekannten Imbrogliostücke. Hali unterstützt seinen Herrn mit listigen Entwürfen bei der Erwerbung der Isidore, einer griechischen Sklavin, welche sich im Gewahrsam des Sizilianers Don Pèdre befindet. Er hat eine große Ähnlichkeit mit dem Mascarille des Étourdi, nur ist sein Benehmen seinem Herrn gegenüber viel bescheidener. Den kleinen Unwillen, mit dem er Eraste empfängt, kann man ihm schon verzeihen, denn die Liebessorgen seines Herrn lassen ihn Tag und Nacht nicht ruhen. Durch eine Serenade versucht er, diesen in Gunst zu bringen bei Isidore; die Ohrfeige, welche ihm Don Pèdre giebt, hält ihn nicht ab, eine neue List zu versuchen. In der Kleidung eines türkischen Tanzmeisters verschafft er sich Zutritt zu Isidore, um mit ihr über die Liebe des Adraste zu verhandeln. Als man seinen Betrug entdeckt und ihn mit Schimpf hinausjagt, schwört er, Don Pèdre doch zu überlisten. Sein Herr hat inzwischen den Plan entworfen, als Maler verkleidet sein Glück zu versuchen; sofort weiß Hali sich nützlich zu machen, indem er den spanischen Edelmann spielt und Don Pèdre beschäftigt, bis Adraste Zeit gefunden hat, mit Isidore die Lösung ihres Liebesabenteuers zu beraten.

Im August des Jahres 1667 durfte der

Tartuffe

nach vielen heißen Kämpfen zum ersten Male vor der Öffentlichkeit erscheinen. Diese großartige Satire gegen die pietistische Heuchelei ist, abgesehen vom Schlusse, das bedeutendste Drama des Dichters. Die Personencharakteristik erreicht hier ihren Höhepunkt. Alle Handlungen entwickeln sich aus dem Charakter des Tartuffe; jede Figur erfüllt den ihr eigentümlichen Zweck, und alle sind gleich fein und natürlich gezeichnet. Dorine (un peu trop forte en gueule et fort impertinente), die Dienerin der Marianne, ist eines jener weiblichen Wesen, welche durch ihre vernünftig komischen Auslassungen das Theater auf die angenehmste Weise beleben. Durch ihre scharfe Kritik wird das schamlose Einschleichen des Tartuffe in die Familie und sein anmaßendes Auftreten trefflich dargestellt, ehe er noch selber erscheint. Orgon, den schwachsinnigen, leichtgläubigen Hausherrn, weiß sie nicht minder hübsch zu zeichnen. Kein Wunder, wenn sie einem solchen Herrn gegenüber einen etwas freien Ton anschlägt und, wo die kindliche Liebe ihrer Herrin Schweigen auferlegt, unumwunden seinen thörichten Heiratsplan verspottet. Für die pietätvolle Zurückhaltung ihrer Herrin hat Dorine nicht das richtige Verständnis; sie macht ihr bittere Vorwürfe, malt ihr in höchst ironischem Tone die Vorteile der geplanten Verheiratung aus, um sie zu einem thatkräftigen Auftreten zu veranlassen. Den Tartuffe, der Anstoß nimmt an ihrer Kleidung, fertigt sie mit einer verächtlichen, beißenden Bemerkung ab. Aus alledem mag klar werden, daß die Wahrheit und das frische Leben in der Auffassung und Darstellung der Rolle der Dorine ein bedeutender Vorzug dieser großen Charakterkomödie ist.

Im Januar 1668 brachte Molière ein neues Intriguenstück zur Aufführung, den

Amphitryon.

Jupiter bewirbt sich unter der Gestalt des griechischen Helden Amphitryon um die Liebe von dessen Gemahlin Alcmene; er wird hierin unterstützt durch Mercur, welcher die Gestalt des Dieners des Amphitryon angenommen hat. Die Hauptszenen sind dem gleichnamigen Stücke des Plautus entnommen. Die Diener haben einen bedeutenden Einfluß auf die Entwicklung und Verwicklung der Handlung und sind beinahe ausschließlich die Vertreter der Komik. Doch finden sich bei Molière manche vorteilhafte Abweichungen von seiner Vorlage. Sosie gleicht bei Plautus in Sprache und Benehmen vollständig einem Sklaven, während er bei Molière, besonders in seinen spöttischen Angriffen auf die Großen, den Charakter eines Höflings zeigt. Die Rolle der Cléanthis hat Molière selbständig geschaffen und so die Intrigue doppelt interessant gemacht.

Im Juli desselben Jahres erhielt der Dichter den Auftrag, zur Festfeier des Aachener Friedens eine Komödie zu verfassen. Er griff zurück zur Farce La Jalousie du Barbouillé, welche seine Bühne schon lange in ihrem Repertoire hatte, und bearbeitete sie als

George Dandin.

Das grundlegende Stück war, getreu den alten Traditionen, einzig gerichtet gegen die böswilligen Ränke der Frauen und sollte Lachen erregen zu Gunsten der Männer. In der Überarbeitung führte Molière ein neues Element der eigenen Beobachtung und Satire ein; indem er die Ungleichheit in der Heirat und die bestrafte Eitelkeit der Bürgerlichen darstellte, erhob er die Farce zu einer Sittenkomödie. Aus dem Ursprunge des Stückes erklärt sich das sonderbare Gemisch von Wahrem und Unwahrscheinlichem, von Wirklichem und Unnatürlichem. George Dandin, ein reicher Bürgerlicher, hat eine adelige Dame geheiratet, muß aber für seine Eitelkeit schwer büßen; denn Angélique de Sotenville führt ein wenig erbauliches Leben. Claudine, ihre Dienerin, steht ihr an Unverschämtheit und Anmaßung nicht nach, ist stets ihre treue Helfershelferin und kühne Fürsprecherin, vermittelt Briefe und Besuche, beklagt sich bei alledem noch über die Böswilligkeit der Welt und droht dem unglücklichen Ehemanne mit wirklicher Untreue seiner Gattin. Der gutmütige, dumme Diener Lubin, der sich sogar zu freuen weiß über die erfindungsreiche Bosheit seiner Geliebten, veranlaßt durch seine vertraulichen Mitteilungen des Liebeshandels seines Herrn Clitandre mit Angélique den George Dandin, seiner Gattin ihre Untreue vorzuhalten, was jedesmal für diesen eine höchst beschämende Wendung nimmt infolge der unverschämten, listigen Dreistigkeit seiner Gemahlin und ihrer Dienerin.

Mit der dritten Komödie des Jahres 1668, dem

Avare,

hat der Dichter sich wieder seinem höheren, besseren Ziele zugewendet. Mit starken, kräftigen Farben malt er den Geiz als ein Laster, das ebenso abscheulich und entwürdigend, als furchtbar ist. Auch in dieser großartigen Charakterkomödie sind die Szenen, wo der Geizhals in seinem Verhalten zur Dienerschaft des Hauses geschildert wird, voll Natürlichkeit und lebendiger Wahrheit und erregen Heiterkeit und Lachen, wo die Szene sich zu verdüstern droht. Wie bezeichnend für den ungerechten Argwohn des Harpagon und wie belustigend ist der Auftritt, wo La Flèche, der Diener des Cléante, sich einer Inquisition unterziehen muß und, obgleich er schuldlos befunden wird, an die Luft gesetzt wird. Mit höhnischem Ton läßt er seinen Herrn die Schändlichkeit der Bedingungen fühlen, unter denen dieser eine Anleihe machen kann. Gewiß ist es verzeihlich, wenn er dem elenden Wucherer Harpagon gegenüber trotz seiner Furcht vor dem Galgen Lust bekommt, einen Diebstahl zu begehen. Maître Jacques, der Kutscher und Koch, ist eine äußerst komische, wahre Figur. Seine Aufrichtigkeit ist so beängstigend für den filzigen Herrn, daß dieser ihm die Rede im Munde ersticken macht. Nachdem er für seine Wahrheitsliebe Hiebe bekommen und sich durch seinen erheuchelten Mut höchst lächerlich gemacht hat, wird er gewitzigt; er spielt den schlauen Vermittler zwischen Vater und Sohn und bereitet ihnen nach ihrer angeblichen Versöhnung die komischste Enttäuschung.

Im Oktober 1669 finden wir den Dichter wieder auf dem Felde der leichteren, freieren Muse. Zur Erheiterung einer königlichen Abendgesellschaft schrieb Molière die Posse

Monsieur de Pourceaugnac.

Ein reicher Bürger der Provinz hat sich nach Paris begeben und bewirbt sich um die Tochter des Oronte. Doch Julie hat ihre Liebe schon Eraste zugewendet und Monsieur de Pourceaugnac wird das Opfer der Intriguen der Liebenden beziehungsweise ihrer Diener, welche ihm tausend verschmitzte Streiche spielen und ihn in die peinlichste Lage bringen, so daß er in Frauenkleidung heimlich aus Paris entflieht. Unter dem Rock des Sbrigani, eines in List und Ränken unerschöpflichen Neapolitaners, hat der Dichter einen jener schuftigen Sklaven der antiken Komödie verborgen und ihm an der in losen Streichen gewandten Nérine eine würdige Genossin zur Seite gestellt. Diese Intriguenkomödie mit ihrer Menge komischer Situationen, mit der Fülle witziger, spaßhafter Einfälle ist nichts anderes, als ein veredeltes Abbild der antiken Bühne und der tausend Erfindungen des italienischen Theaters.

Fast genau ein Jahr später kam eine neue Komödie zur Darstellung, nämlich

Le Bourgeois Gentilhomme.

Jourdain, der lächerliche, geistig beschränkte Parvenu, ist einer der ausgezeichnetsten, ächt französischen Typen, welche der Dichter geschaffen hat. Die Magd Nicole läßt sich wohl mit jenen Dienerinnen (Dorine, Martine u. s. w.) vergleichen, welchen man ihr herzliches Lachen über die Schwachheiten ihrer Herrn, ihren Spott und freimütigen Tadel, der wohl manchmal ungeschickt und grob angebracht ist, nicht sehr übel nehmen kann. Um den Liebeszwist und die Versöhnung des Cléonte und der Lucile recht interessant zu machen, hat der Dichter wieder den beliebten Gegensatz hergestellt in dem Liebesverhältnis der Diener. Während die ernsten Betrachtungen des Cléonte über seine warmen Liebesbemühungen unsere Teilnahme erwecken, können die spaßhaften Ergüsse des Covielle, die Eimer Wasser, das Schwitzen beim Umdrehen des Bratspießes u. s. w. nur eine höchst komische Wirkung haben. Wenn sich nun auch der Dichter in Behandlung der Dienerrollen im wesentlichen auf wahrem, realem Boden bewegt, wie es der Sittenkomödie geziemt, so machen sich doch auch einige traditionelle Züge bemerklich z. B. die Maskerade, welche Covielle ins Werk setzt, und die Einführung seines Herrn als fils du grand Turc, wodurch schließlich die glückliche Verbindung der Liebenden gelingt.

In Abwesenheit des Hofes wurde im Frühjahre 1671 im Palais Royal aufgeführt:

Les Fourberies de Scapin.

Octave und Léandre, welche in Abwesenheit ihrer Väter sich in Liebesverhältnisse eingelassen haben (Octave hat ein armes Mädchen geheiratet und Léandre hat sich um die Zuneigung einer Zigeunerin beworben), sind in der größten Verlegenheit bei der Rückkehr ihrer Väter und suchen sich durch die listigen Ränke des Dieners zu helfen. Scapin, ein zweiter Mascarille, der sich rühmt vom Himmel mit außerordentlicher Schlauheit begabt und zum ouvrier d'intrigues et de ressorts berufen zu sein, ist durch seine hinterlistigen Schurkereien der alleinige Träger der Komik. Er macht den einen der Väter glauben, sein Sohn sei zur Heirat gezwungen worden. Mit Hülfe des Dieners Sylvestre, welcher den erzürnten Schwager des Octave darstellen muß, erschwindelt er dessen Vater dann 200 Pistolen, angeblich um den Ehebund aufzulösen. Dem Vater des Léandre schwatzt er 500 Thaler ab, vorgeblich um dessen Sohn von einer türkischen Galeere frei zu kaufen, in Wahrheit um Zerbinette, die Geliebte seines Herrn, aus den Händen der Zigeuner zu befreien. Seinem Herrn Léandre, der über ihn erzürnt ist, weil er sein Liebesverhältnis ausgeplaudert hat, gesteht er aus Mißverständnis die schändlichsten Veruntreuungen, rächt sich aber an ihm durch verächtliches, stolzes Benehmen, als dieser wieder seiner Hülfe bedarf. An dem Vater Argante aber nimmt er schärfere Rache; indem er ihm Furcht einjagt vor Verfolgung, bewegt er ihn, in einen Sack zu schlüpfen und gibt ihm tüchtig Hiebe. Scapin ist offenbar einer der traditionellen Dienertypen, und in dem ganzen Stück ist die Schilderung der Sitten und Gebräuche der Zeit bei Seite gesetzt. Der Dichter hat seiner Phantasie freien Lauf gelassen und aus dem reichen Schatze seiner Erinnerungen geschöpft. Man atmet hier dieselbe Luft, wie im Étourdi und dem Sicilien. Boileau unterzieht das Stück einer scharfen Kritik: „Dans ce sac ridicule où Scapin l'enveloppe, je ne reconnais plus l'auteur du Misanthrope". Er tadelt Molière, daß er die grimassenhaften Figuren wieder aufgenommen und das Angenehme und Edle mit dem Possenhaften vertauscht habe.

Zu der kleinen Sittenkomödie

La Comtesse d'Escarbagnas

erfüllen die Rollen der Diener trefflich den Zweck, die thörichten Einbildungen und Anmaßungen der Comtesse aus der Provinz, welche die Manieren des städtischen Adels nachzuäffen sucht, zu beleuchten und zu bestrafen. Auf ihrer niedrigen Bildungsstufe — sie haben nämlich „die Reise in die Hauptstadt" nicht mitgemacht — können sie das überspannte Benehmen ihrer Herrin nicht verstehen, welche an ihrer Bedienung eine höchst lächerliche Kritik übt.

Der März 1672 brachte

Les Femmes savantes.

Es ist dies eine Umgestaltung der kleinen Komödie „les Précieuses ridicules" zu einer großartigen, literarischen Satire auf die Schöngeisterei der Frauen. Während jenes erste Sittengemälde noch insofern den alten Überlieferungen treu blieb, als es eine Dienerkomödie ist, finden wir hier mit der Erweiterung des Gegenstandes und der Vertiefung der Beobachtung eine wahrheitsvolle, dem wirklichen Leben entsprechende Verwendung der Dienerrolle. Martine ist das vollendetste Bild jener Dienerinnen, die durch ihren naturwüchsigen, guten Sinn einen hübschen Gegensatz bilden zu den Verkehrtheiten ihrer Herren und durch ihre ehrliche Redseligkeit viel zur Erheiterung und Belustigung beitragen. Wie ließe sich trefflicher das Unnatürliche der Sprache der Philinte, die Lächerlichkeit der Art, wie sie ihre grammatischen Studien zu verwenden sucht, zeichnen, als in jener spaßhaften Szene, wo Martine durch ihr „ne servent pas de rien, je parlons, grand'mère statt grammaire" dieselbe in eine höchst komische Aufregung versetzt! Als die Verwicklung vor dem Notar aufs höchste steigt, da ist die Dienerin die würdige Dolmetscherin des Chrysale;

sie kritisiert drastisch und treffend das selbstsüchtige, anmaßende Vorgehen der Philinte, welcher sie noch grollt, weil sie von ihr so schnöde aus dem Hause gejagt worden war. Wie Chrysale ihre Ausführungen bekräftigt mit den Worten: „Elle dit vérité, c'est parler comme il faut", so werden wir dem Dichter das Lob spenden können, daß seine Martine „wahr spricht und wahr handelt". Die relativ kalte Teilnahme, welche dieses Lustspiel fand, mußte für Molière sehr empfindlich sein und ihn wieder hindrängen nach einer freieren, possenhafteren Muse. Sein Gesundheitszustand verschlimmerte sich immer mehr. Aus dieser geistigen und leiblichen Verstimmung des Dichters ist sein Grabgesang hervorgegangen, der

Malade imaginaire.

Argan, ein eingebildeter Kranker, ist das unglückliche Opfer der Gewinnsucht der Ärzte und der erheuchelten Liebe seiner zweiten Frau Béline. Das Glück seiner Tochter möchte er seinem Eigennutz opfern und diese an einen jungen, einfältigen Arzt verheiraten. In ihrem ersten Teile hat die Handlung einen recht natürlichen, von lebendiger Wahrheit getragenen Verlauf. Trinette, Dienerin des malade imaginaire, ist eine würdige Nachfolgerin der Dorine und Martine. Sie erheitert durch die listige Verstellung, mit der sie die Zornesausbrüche ihres Herrn verhindert, und begegnet der falschen Einbildung desselben mit bitterem Hohn. Sie bespricht mit beißendem Witz die geplante Verheiratung der Tochter mit dem Sohne des Herrn Diafoirus. Unwahrscheinlich und burlesk aber wird ihre Rolle im dritten Akt, wo sie als Arzt verkleidet ihrem Herrn die Lust an der Arzneikunde zu verleiden sucht. Die tolle Szene mit dem Tode des Argan, welche sie ersonnen hat, läßt die Lösung vollends im Fantastischen und Seltsamen verlaufen.

Ich gehe jetzt zur übersichtlichen Zusammenstellung der Resultate über, welche im Verlaufe der chronologisch vorgenommenen Betrachtungen sich ergeben haben.

Molière, der 8 Jahre mit rastlosem Eifer ausschließlich der Bühne gedient hatte, dem die theatralischen Anschauungen und Überlieferungen seiner Zeit Herz und Geist vollständig durchdrungen hatten, konnte unmöglich bei seinem ersten Vordringen das alte Gebiet mit einem gewaltigen Sprunge verlassen. Es darf uns nicht wunder nehmen, wenn er sich in seinen Erstlingskomödien als Schüler seiner Vorgänger erwies und Intriguen- und Dienerkomödien schuf nach italienischem Muster. Doch auch hier schon übertraf Molière die vorangehenden Schöpfungen dadurch, daß er die hergebrachten Dienercharaktere veredelte, oder, wie Nisard bemerkt, „möglichst viel Menschlichkeit hineinlegte". Mit der dritten Komödie, den Précieuses, hatte der Dichter schon seine wahre

Aufgabe erfaßt. Er eröffnete die Reihe jener trefflichen satirischen Gemälde der lächerlichen, thörichten Gebräuche und Moden der ihn umgebenden Welt. Allerdings befindet sich in dieser ersten Sittenkomödie die Intrigue und Komik beinahe ausschließlich in der Hand der Diener, doch liegt andererseits die Wahrscheinlichkeit und Realität dieser Dienerrollen sehr nahe. In den folgenden Sittenkomödien, in der „École des Maris", der „École des Femmes", der „Comtesse d'Escarbagnas", vor allem aber in den „Femmes savantes" sind die Diener und Dienerinnen die treuesten und lebendigsten Abbilder des wirklichen Lebens und der gesellschaftlichen Verhältnisse der damaligen Zeit. Die abenteuerliche Maskerade, eine Intrigue des Covielle, die oben gerügt worden ist, vermag wohl nicht den Wert der Sittenkomödie „Le Bourgeois Gentilhomme", die im übrigen einen recht natürlichen Verlauf zeigt, sehr herabzusetzen. Wenn George Dandin besonders reich ist an phantastischen, possenhaften Szenen, so liegt der Grund hierzu in der Art der Entstehung dieses Stückes aus der Farce „La Jalousie du Barbouillé" und in dem Umstande, daß Molière ein Festpublikum zu erheitern hatte und deshalb kein Werk ernsteren, großartigen Inhalts schaffen wollte. Mit „Sganarelle ou le Cocu imaginaire" hatte der Dichter das erste Sittengemälde von allgemeiner Tendenz, beziehungsweise die erste Charakterkomödie geschaffen. Wenn auch das niedrige komische Element in diesem Stücke noch im allgemeinen eine bedeutende Rolle spielt, so ist doch die Behandlung der Dienerrolle eine vollständig realistische; in Célic haben wir das Vorbild der lebensgetreuen Charaktere der Dorine, Martine u. s. w. In wie hohem Grade der Dichter in den folgenden großartigen Charakterzeichnungen, im Misanthrope, Tartuffe, Avare, seine wahre Aufgabe auch bei der Behandlung der Dienerrollen darin erkannt hat, das Leben in seiner vollen Wirklichkeit darzustellen, ist oben hinreichend klar geworden; andererseits haben die Schwächen des Malade imaginaire ebendaselbst ihre Erklärung gefunden.

Die Betrachtung der Intriguenstücke lieferte nun ein ganz anderes Ergebnis. Wie sie überhaupt im Kern nicht originell, sondern durch hergebrachte Mittel komisch und dramatisch wirksam sind, so auch in den Dienerrollen. Wir finden zwar, daß durch eblere menschlichere Züge, durch größere Dezenz in Sprache und Benehmen die Diener der Molièreschen Intriguenstücke den wirklichen, gesellschaftlichen Verhältnissen etwas näher gebracht sind, aber im ganzen und großen stehen sie auf dem Boden der althergebrachten Überlieferung. Auch nachdem der Dichter schon die Meisterwerke der Sitten- und Charakterkomödie geschaffen hatte, sehen wir ihn wieder im Hali des Sicilien, im Sbrigani des Monsieur de Pourceaugnac, besonders aber im Scapin auf dem Standpunkt des Étourdi und Dépit amoureux.

Wie erklärt sich nun diese seltsame Erscheinung? Wie war es möglich daß Molière, nachdem er schon vollständig erkannt hatte, seine wahre Aufgabe bestehe darin, getreue Sittengemälde seiner Zeit zu schaffen und das rein Menschliche, allzeit Wahre und Gültige darzustellen, wie war es möglich oder notwendig, daß er auch da noch zu jenen phantastischen, burlesken Schöpfungen zurückkehrte? Von vornherein ist hier die Annahme auszuschließen, Molière sei vielleicht der Ansicht gewesen, die „Fourberies de Scapin" z. B. hätten gleichen Wert wie ein Avare, Tartuffe u. s. w. „Wenn Molière," bemerkt Voltaire, „die Fourberies de Scapin für eine wahre Komödie ausgegeben hätte, so wäre der Tadel, den Boileau über das Stück ergießt, berechtigt." Wenn Voltaire dann weiter erklärt, jene Intrignenstücke seien aus der Notwendigkeit hervorgegangen, der Truppe des Dichters einen hinreichenden Lebensunterhalt zu verschaffen, so hat er darin die eigene Erklärung des Dichters wiedergegeben, der sagt: „Il faut réjouir le peuple, et je suis parfois réduit à consulter l'intérêt de mes acteurs aussi bien que ma gloire!" Daß der Dichter darin eine Huldigung an den herrschenden Geschmack erkannt wissen wollte und sich selbst des relativ geringeren Wertes dieser Stücke bewußt war, folgt auch aus jener anderen Bemerkung über sein Publikum: „Ces gens-là ne s'accomoderaient nullement d'une élévation continuelle dans le style et les sentiments."

2. Übersicht über die Verteilung der Fächer

	O I.	U I.	O II a.	O II b.	U II a.	U II b.	O III a.	O III b.	U III
		8 Latein. 3 Griechisch.							
	8 Latein. 6 Griechisch.								6 Griech.
a.	3 Deutsch.		3 Französisch. 2 Englisch.						2 Deutsch 8 Latein.
b.	2 Hebräisch.	3 Griechisch.		6 Latein. 6 Griechisch. 2 Hebräisch.					
b.	3 Geschichte. 2 Englisch.		2 Deutsch.						
						4 Griechisch.			
				3 Französisch		3 Französisch.			
a.		3 Deutsch.	8 Latein. 6 Griechisch.		2 Griechisch.				
a.	2 Französisch.	2 Französisch.			8 Latein. 4 Griechisch.	3 Geschichte.			
a.					3 Geschichte.		2 Deutsch. 8 Latein. 6 Griechisch.		
				4 Mathemat.	2 Physik. 4 Mathemat.	2 Physik.		2 Naturkunde.	4 Math
			2 Hebräisch.					6 Griechisch. 3 Französisch.	
b.						2 Deutsch. 8 Latein. 2 Griechisch.	3 Geschichte.		
b.		3 Geschichte.	3 Geschichte.	3 Geschichte.				2 Deutsch. 8 Latein.	
				2 Latein.	3 Französisch				
	4 Mathemat. 2 Mathematik (fakultativ). 2 Physik.	4 Mathemat.	4 Mathemat. 2 Physik.						
		2 Hebräisch.				4 Mathemat.	4 Mathemat.	4 Mathemat.	2 Natu
				2 Deutsch.	2 Deutsch.		3 Französisch.		
									3 Fran
	2 Religion.	2 Religion.	2 Religion.	2 Religion.	2 Religion.	2 Religion.	2 Religion. 3 Geschichte.	2 Religion.	3 Gesch
									2 Relig

2 Singen.

2 Turnen.   2 Zeichnen.

und Unterrichtsstunden unter d[...]

	U III b.	IV a.	IV b.	V a.	V b.	VI a.
	8 Latein. 3 Französisch. 3 Geschichte.		3 Geschichte.		3 Deutsch. 8 Latein. 2 Geographie.	
				2 Religion. 8 Latein.	4 Französisch.	
at.		4 Mathemat.				
			3 Geschichte.	2 Religion. 8 Latein.		
	2 Deutsch.					
			4 Französisch. 4 Mathemat.		4 Französisch.	7 Latein.
e.	4 Mathemat. 2 Naturkde.					
			3 Deutsch. 2 Turnen.		2 Turnen.	2 Geograph[ie].
ich.	6 Griechisch.	3 Deutsch. 8 Latein.				
ie.				2 Geographie.		
	2 Religion.	2 Religion.			2 Religion.	2 Religion. 5 Deutsch. 2 Naturkde.
		4 Französisch. 2 Naturkde.		3 Rechnen. 2 Naturkde.		4 Rechnen. 2 Schreiben.
	2 Singen.		2 Singen.	3 Deutsch.	3 Rechnen. 2 Singen.	2
			2 Naturkde.		2 Naturkde.	2
	Turnen.	2 Zeichnen.	2 Zeichnen.	2 Zeichnen.	2 Zeichnen.	

3. Durchgenommene Lehraufgaben.

Oberprima.

Klassenleiter: Oberlehrer Dr. Bach.

1. **Religionslehre** (2 Stunden): Nach Königs Lehrbuch für obere Klassen die besondere Glaubenslehre, ferner die Kirchengeschichte von der abendländischen Spaltung bis auf unsere Tage. Erklärung des 1. Korintherbriefes nach der Urschrift.
Wernert.

2. **Deutsch** (3 Stunden): Wiederholungen aus der Geschichte der Litteratur. Lessings Laokoon und Göthes Iphigenia. — Grundbegriffe der Denklehre und Seelenkunde. Neun Aufsätze mit folgenden Aufgaben:

1. Der Tod hat eine reinigende Kraft. 2. Lessings Stellung zu dem Satze: Alle Kunst ist Nachahmung der Natur. 3. Über die Rangordnung der fünf Sinne. 4. Justinian I und Ludwig XIV, eine Vergleichung. 5. Nur Beharrung führt zum Ziel (Klassenaufsatz). 6. Was machte die Griechen zu einem abgeschlossenen Volke? 7. Nihil est menti veritatis luce dulcius. 8. Das Große in der Weltgeschichte ist das Werk Einzelner, nicht der Massen (Klassenaufsatz). 9. Die drei Frühlingsoden des Horaz, nach ihrem Inhalt verglichen und beurtheilt.

Abiturientenaufsätze. a) zu Ostern: Grundzüge des römischen Charakters. b) im Sommer: Vieles Gewaltige lebt, doch nichts ist gewaltiger als der Mensch.
Franzem.

3. **Latein** (8 Stunden): Das 2. Buch der Annalen des Tacitus; Cicero de oratore I und de amicitia, letztere Schrift mit beschleunigter Durchnahme; Horaz, Oden III und IV, Wiederholung von I und II, einige Satiren und Episteln. — Grammatische Übungen und mündliche Übersetzungen aus dem Deutschen mit besonderer Berücksichtigung der Stilistik. Wöchentlich eine schriftliche Übersetzung aus dem Deutschen, teils Hausaufgabe, teils Stegreifarbeit.
Der Klassenleiter.

4. **Griechisch** (6 Stunden): Das 2. Buch des Thukydides vom 47. Kapitel an, das ganze 6. Buch; Platons Phädon. Homers Ilias X—XVI und mit beschleunigter Durchnahme IX und XXII; der Ajas des Sophokles. Wiederholung der wichtigsten syntaktischen Regeln. Der Klassenleiter.

5. **Französisch** (2 Stunden): Corneille, Cinna; Racine, Esther; Molière, Avare und Bourgeois Gentilhomme; Daudet, Lettres de mon moulin. Mit beschleunigter Durchnahme: Corneille, Polyeucte; Racine, Iphigénie und Andromaque *). — Wiederholungen aus der Grammatik. Überblick über die Litteraturgeschichte.

Ehrhard.

6. **Hebräisch** (2 Stunden mit freiwilliger Teilnahme): Abschluß der Grammatik nach dem Seffer'schen Elementarbuche, namentlich die Nominalbildung (§ 65—93) und die Partikeln (§ 94—96). Übersetzung und grammatische Zergliederung der angehängten Lesestücke und leichterer Abschnitte aus den geschichtlichen Büchern des alten Testaments.

Dr. Barth.

7. **Englisch** (2 Stunden mit freiwilliger Teilnahme): Gesenius Grammatik, 1. Teil. Dickens, A christmas carol. Becker.

8. **Geschichte und Geographie** (3 Stunden): Deutsche Geschichte von der Völkerwanderung bis zur Reformation. Wiederholung wichtiger Abschnitte der alten Geschichte. Geographie von Europa mit besonderer Hervorhebung Deutschlands.

Becker.

9. **Mathematik** (4 Stunden, außerdem 2 Stunden mit freiwilliger Teilnahme): Stereometrie nach Boyman. Nach Heis aus dem Gebiete der Arithmetik die Kombinatorik, Wahrscheinlichkeitsrechnung und der binomische Satz. Wiederholungen. Alle 3 Wochen eine schriftliche Arbeit. Dr. Pampuch.

10. **Naturlehre** (2 Stunden): Mechanik und mathematische Geographie.

Dr. Pampuch.

---

*) Die französischen Dramen wurden in Prima nach den Saure'schen Kürzungen bezw. Auszügen gelesen.

11. **Gesang**, vereinigt mit Unterprima, der ganzen Sekunda und Obertertia (2 Stunden): 1 Stunde Chorübungen für vierstimmige Lieder und 1 Stunde Kirchengesang.
Schorn.

12. **Turnen**, vereinigt mit Unterprima und Obersekunda (2 Stunden): Frei- und Gerätübungen; Ausmärsche in die Umgegend der Stadt.
Weiß.

Unterprima.

Klassenleiter: Der Direktor.

1. **Religionslehre** (2 Stunden): Die Sittenlehre nach dem 4. Kursus von Königs Lehrbuch für obere Klassen. Kirchengeschichte von Bonifacius bis zur Zeit Gregors VII. Ausgewählte Abschnitte aus den Apostelbriefen im Urtext.
Wernert.

2. **Deutsch** (3 Stunden): Übersicht über die deutsche Litteratur bis Klopstock, eingehender die Klopstock-Lessing'sche Zeit. Gelesen wurden Klopstock's Oden mit Auswahl, Abschnitte aus Lessings Hamburgischer Dramaturgie, Schillers Wallenstein, Shaksperes Julius Cäsar; außerdem Abschnitte aus dem Nibelungenliede und ausgewählte Gedichte von Schiller. Außerhalb der Schule wurde Lessings Minna von Barnhelm und Göthes Götz von Berlichingen gelesen. — Im Anschluß an den Lesestoff Übungen im Disponieren und im freien Vortrage. Monatliche Aufsätze über folgende Aufgaben:

1. Nur dem Ernst, den keine Mühe bleichet, — Rauscht der Wahrheit tief versteckter Born. 2. Machet nicht viel Federlesen; — Schreibt auf meinen Leichenstein: — Dieser ist ein Mensch gewesen, — Und das heißt ein Kämpfer sein. 3. Findet auf Lessings Minna von Barnhelm Anwendung, was er selbst im Anfang der Hamburger Dramaturgie über die Charaktere der Kronegk'schen Dramen bemerkt? 4. Zustand des deutschen Reiches zur Zeit des Götz von Berlichingen. 5. Der Soldat in Minna von Barnhelm und in Wallensteins Lager. 6. Bedeutung von Hellas, Rom und Palästina für die Kulturentwickelung. 7. Bedeutung der Thersitesscene im 2. Buche der Ilias für die Entwickelung der Handlung. 8. Euch, ihr Götter, gehöret der Kaufmann, Güter zu suchen — Geht er, doch an sein Schiff — Knüpfet das Gute sich an. 9. Die tragische Idee in Schillers Kassandra. 10. Die Einheit der Handlung in Shaksperes Julius Cäsar.
Dahm.

— 25 —

3. **Latein** (8 Stunden): Die Germania des Tacitus, das 1. Buch von Ciceros Tuskulanen und dessen Rede pro Sulla. — Hor. Carm. I und II, Epod. 2, Sat. I, 9 und II, 6, Epist. I, 4, 9, 13, 20. Wiederholungen aus der Grammatik, mündliche Übersetzungen aus Süpfle und Übungen im Lateinsprechen. In jeder Woche eine schriftliche Übersetzung, teils Hausaufgabe, teils Stegreifarbeit.
Der Klassenleiter.

4. **Griechisch** (6 Stunden): A Prosa: Platons Laches und Euthyphron. Der Panegyrikus des Isokrates und des Demosthenes 3 olynthische Reden nebst der ersten gegen Philipp. Die 15 ersten Kapitel des Thukydides. — Wiederholungen aus der Syntax.
Dr. Barth.

B Poesie: Homers Ilias, Buch X—XIII, der Oedipus rex des Sophokles.
Der Klassenleiter.

5. **Französisch** (2 Stunden): Corneille, Horace; Racine, Athalie; Molière, le Misanthrope, les Femmes savantes. Mit beschleunigter Durchnahme Corneille, le Cid; Racine, Britannicus, Phèdre; Voltaire, Zaire. — Wiederholungen aus der Grammatik.
Ehrhard.

6. **Hebräisch** (2 Stunden mit freiwilliger Teilnahme): Wiederholung der Elementarlehre, dann die Formenlehre bis § 53 der Seffer'schen Anleitung. Übersetzung von Übungsstücken desselben Buches.
Rüting.

7. **Englisch** (2 Stunden für freiwillige Teilnahme, gemeinsam mit Obersekunda): Die 15 ersten Kapitel des 1. Teils der Grammatik von Gesenius.
Franzem.

8. **Geschichte und Geographie** (3 Stunden): Geschichte des Mittelalters nach Pütz. Wiederholung der orientalischen und griechischen Geschichte. Wiederholungen aus dem Gebiete der Geographie im Anschlusse an die Geschichte.
Lappe.

9. **Mathematik** (4 Stunden): Stereometrie nach Boyman. Aus der Arithmetik die quadratischen Gleichungen, arithmetischen und geometrischen Reihen nebst deren Anwendung, nach Heis. Alle 3 Wochen eine Klassenarbeit.
Dr. Pampuch.

10. **Physik** (2 Stunden). Vereinigt mit Oberprima.
Dr. Pampuch.

11. **Gesang** (2 Stunden). Bei der Oberprima nachzusehen. Schorn.

12. **Turnen** (2 Stunden). Desgleichen. Weiß.

Obersecunda, Abteilung A und B.

Klassenleiter: Dahm und Dr. Barth.

1. **Religionslehre** (2 Stunden): Nach dem größern Lehrbuch von König die allgemeine Glaubenslehre oder die Lehre von der göttlichen Offenbarung. Erklärung des Lukasevangeliums nach der Vulgata. Wernert.

2. **Deutsch** (2 Stunden): Gelesen wurden Göthes Hermann und Dorothea, Schillers Lied von der Glocke, Maria Stuart und Jungfrau von Orleans, daneben Stücke aus Kehrein I. Im Anschluß an den Lesestoff wurden die Gattungen der Dichtkunst und das Notwendigste aus der Verslehre behandelt. Ebenso das Leben und die Werke Göthes und Schillers. — Übungen im freien Vortrage. Monatlich ein Aufsatz.

In A Becker, in B bis Weihnachten Dr. Barth, dann Dr. Schwarz.

3. **Latein** (8 Stunden): Wiederholungen und Ergänzungen der Syntax nach Ellendt-Seyffert; mündliche Übersetzungen aus Süpfle. Gelesen wurden in A: Sallustius de coniuratione Catilinae und der Anfang des Bellum Iugurthinum, das 21. Buch des Livius und vom folgenden der Anfang, Ciceros Rede für den Dichter Archias; in B: Sall. bellum Iugurthinum, der Anfang vom 2. Buche des Livius und das 21. Buch, Ciceros Cato Maior nebst den Reden pro Archia und pro rege Deiotaro. — Wöchentlich eine schriftliche Hausaufgabe oder Stegreifarbeit.

Die Klassenleiter.

Aus Vergils Äneis wurden gelesen in A Buch III, VI und ein Abschnitt aus VIII, in B Buch V, VI und einzelne Abschnitte aus VII—XII.

In A der Klassenleiter, in B Loyson.

4. **Griechisch** (6 Stunden): Wiederholung der Kasuslehre. Die Genera verbi; die Tempus- und Moduslehre; die Regeln über Infinitiv, Partizip und Negationen. (Nach

Koch.) Wöchentlich eine schriftliche Hausaufgabe oder Stegreifarbeit. — Gelesen in A: das 1. und 2. Buch von Xenophons Hellenika, Herodots 1. Buch (mit Ausscheidungen), ausgewählte Abschnitte aus Xenophons Cyropädie; in B: Xenoph. Hellen. I und II, Abschnitte aus dem 6., 7. und 8. Buch des Herodot.

Aus Homers Odyssee in A: Buch IX—XII nebst Abschnitten aus XVI, XVII, XXI, XXII; in B: IV (teilweise), V, IX, XII, XIII, XVI, XVII, XVIII.

Die Klassenleiter.

5. **Französisch** (3 Stunden): Wiederholung von Lekt. 1—45 der Plötz'schen Schulgrammatik mit Hinzufügung der folgenden Lektionen bis zum Schluß. — Gelesen wurde Michaud, Histoire de la première Croisade; Corneille, le Cid. — Wöchentlich eine schriftliche Arbeit. In A Franzem, in B Cron.

6. **Hebräisch** (2 Stunden, Freifach): Die Elementarlehre; aus der Formenlehre die starken Verbalwurzeln (Seffer § 1—38); Übersetzung der dazu gehörigen Übungsstücke. In A Holtzmann, in B der Klassenleiter.

7. **Englisch** (2 Stunden). Vereinigt mit Unterprima. Franzem.

8. **Geschichte und Geographie** (3 Stunden): Römische Geschichte nach Pütz. Gelegentliche Wiederholungen aus der griechischen Geschichte. — Übersicht über die physikalische und politische Geographie von Europa, ausführlicher die physikalische Geographie von Mitteleuropa und die politische Geographie von Deutschland. In A und B Lappe.

9. **Mathematik** (4 Stunden): Trigonometrie, Logarithmenlehre, Gleichungen ersten Grades mit mehreren Unbekannten und Gleichungen zweiten Grades. Konstruktionsaufgaben. Alle 3 Wochen eine schriftliche Arbeit. In A Dr. Pampuch, in B Dr. Hahn.

10. **Naturlehre** (2 Stunden mit Vereinigung der beiden Klassenabteilungen): Die Lehre von der Wärme und dem Schall. Dr. Pampuch.

11. **Gesang** (2 Stunden): Bei der Oberprima nachzusehen. Schorn.

12. **Turnen** (2 Stunden). Desgleichen. Weiß.

Untersecunda, Abteilung A und B.

Klassenleiter: Ehrhard und Hüdepohl.

1. **Religionslehre** (2 Stunden): Nach Königs Handbuch für mittlere Klassen die Lehre von dem Gehorsam und der kurze Abriß der Kirchengeschichte bis auf unsere Zeit. Ausgewählte Abschnitte aus den Evangelien nach der Vulgata.

In A u. B Wernert.

2. **Deutsch** (2 Stunden): Gelesen wurden Schillers Tell, Lessings Minna von Barnhelm und Körners Zriny, ferner die schönsten Balladen von Göthe, Schiller und Uhland. Im Anschluß an den Lesestoff wurden die Hauptgattungen der Dichtkunst, sowie das Leben der herangezogenen Dichter besprochen. Vortrag von Gedichten. Übungen im Disponieren und in freier mündlicher Darstellung. Alle 3 Wochen ein Aufsatz.

In A bis Weihnachten Hüdepohl, dann Dr. Schwarz, in B der Klassenleiter.

3. **Latein** (8 Stunden): Wiederholung und Ergänzung der Syntax nach Ellendt-Seyffert. Übersetzungen aus Süpfle. Gelesen wurden die 4 katilinarischen Reden, das 1. Buch des Livius und die beiden ersten Bücher von Vergils Äneis; einzelne Stellen wurden auswendig gelernt. Wöchentlich eine schriftliche Hausaufgabe oder Stegreifarbeit.

Die Klassenleiter.

4. **Griechisch** (6 Stunden): Wiederholung der Formenlehre; Kasuslehre und Präpositionen; das Wichtigste über Tempora und Modi. Übungen im mündlichen Übersetzen aus dem Deutschen ins Griechische. Wöchentlich eine schriftliche Arbeit. — Gelesen wurden das 2. und 3. Buch von Xenophons Anabasis und das erste Buch von dessen Hellenika; die 3 ersten Bücher von Homers Odyssee.

In A Homer: Dahm, das übrige die Klassenleiter.

5. **Französisch** (3 Stunden): Wiederholung des 3. und 4. Abschnittes der Plötz'schen Schulgrammatik, dann die Lektionen 39—65 (Lehre von der Wortstellung, vom Gebrauche der Zeiten und Modi nebst der Syntax des Artikels). — Ausgewählte Stücke aus der Wingerath'schen Sammlung. — Alle 14 Tagen eine schriftliche Arbeit.

In A Loyson, in B Cron.

6. **Geschichte und Geographie** (3 Stunden): Übersicht über die orientalische Geschichte. Geschichte der Griechen. Geographie der außereuropäischen Erdteile.
In A Fernholz, in B Ehrhard.

7. **Mathematik** (4 Stunden): Aus der Planimetrie die Ähnlichkeitslehre, die Inhaltsberechnung der geradlinigen Figuren und des Kreises; zahlreiche Konstruktionsaufgaben. Aus der Algebra nach Wiederholung der Lehre von den Potenzen die Wurzellehre; schwierigere Gleichungen ersten und zweiten Grades mit einer Unbekannten. — Schriftliche Arbeiten.
In A Dr. Hahn, in B Rüting.

8. **Naturlehre** (2 Stunden): Die allgemeinen Eigenschaften der Körper. Die Lehre von dem Magnetismus und der Elektrizität.
In A und B Dr. Hahn.

9. **Zeichnen** (2 freiwillige Stunden für Untersekunda und die ganze Tertia): Ornamente, Figuren und Köpfe nach Vorlagen und Gipsmodellen, einfach und mehrfarbig.
Weiß.

10. **Gesang** (2 Stunden). Bei der Oberprima nachzusehen.
Schorn.

11. **Turnen** (2 Stunden mit Vereinigung der ganzen Untersekunda und Obertertia): Frei-, Ordnungs- und Geräteübungen.
Weiß.

Obertertia, Abteilung A und B.

Klassenleiter: Fernholz und Kappe.

1. **Religionslehre** (2 Stunden): Nach Königs Handbuch für mittlere Klassen die Lehre von der Gnade und den Gnadenmitteln, namentlich den Sakramenten. Abriß der Kirchengeschichte von den Aposteln bis zu Gregor VII.
Wernert.

2. **Deutsch** (2 Stunden): Erklärung von prosaischen und poetischen Stücken des Kehrein'schen Lesebuches nebst kurzen Bemerkungen über das Leben der Verfasser. Vortrag auswendig gelernter Gedichte. Das Wichtigste über Tropen, Figuren und die metrischen Formen. Alle 3 Wochen ein Aufsatz.
Die Klassenleiter.

3. **Latein** (8 Stunden): Wiederholung und Vervollständigung des grammatischen Lehrstoffes der früheren Klassen. Consecutio temporum, Fragesätze, abhängige Rede, Particip, Gerundium und Gerundivum; Eigentümlichkeiten im Gebrauche der Nomina; Übersicht über die Wortbildung. — Übersetzungsübungen nach Ostermann. Wöchentlich eine schriftliche Arbeit. — Gelesen wurden aus Cäsars Bellum Gallicum die Bücher IV—VII und aus Ovids Metamorphosen folgende Stellen II, 1—366; VIII, 157—545; XIII, 1—575. Davon wurden im ganzen 150 Verse auswendig gelernt.
Die Klassenleiter.

4. **Griechisch** (6 Stunden): Wiederholung der regelmäßigen Formenlehre; die Verba auf μι und die unregelmäßigen; einige wichtige Regeln der Syntax. Übersetzungsübungen nach Wesener II. Wöchentlich eine schriftliche Arbeit. — Von Xenophons Anabasis wurde Buch I und der Anfang von II gelesen.
In A der Klassenleiter, in B Holtzmann.

5. **Französisch** (3 Stunden): Wiederholung der regelmäßigen Zeitwörter, sowie der rückbezüglichen und unpersönlichen. Der 3. bis 5. Abschnitt der Plötz'schen Schulgrammatik (Formenlehre des Substantivs, Adjektivs, Adverbs; Zahlwörter, Präpositionen). Ausgewählte Stücke aus der Wingerath'schen Sammlung. Alle 14 Tage eine schriftliche Arbeit.
In A bis Weihnachten Frauzem, dann Dr. Schwarz,
in B Holtzmann.

6. **Geschichte und Geographie** (3 Stunden): Deutsche Geschichte von der Reformation bis auf die Gegenwart. Geographie von Europa mit Ausschluß des deutschen Reiches.
In A Fliegen, in B Hüdepohl.

7. **Mathematik** (4 Stunden): Aus der Planimetrie (nach Boyman) die Lehre vom Kreise und der Gleichheit der Figuren; im Anschluß daran zahlreiche Konstruktionsaufgaben. Aus der Algebra (nach Heis) die Potenzen und die Gleichungen ersten Grades mit einer Unbekannten. Alle 3 Wochen eine schriftliche Arbeit.
In beiden Abteilungen Rüting.

8. **Naturkunde** (2 Stunden mit Vereinigung der beiden Abteilungen): Die chemische Beschaffenheit der Mineralien und das Wichtigste aus der anorganischen Chemie. Die Grundzüge der dynamischen Geologie.
Dr. Hahn.

9. **Zeichnen** (2 Stunden). Bei der Untersekunda nachzusehen.   Weiß.

10. **Gesang** (2 Stunden). Bei der Oberprima nachzusehen.   Schorn.

11. **Turnen** (2 Stunden). Bei der Untersekunda nachzusehen.   Weiß.

Untertertia, Abteilung A und B.

Klassenleiter: Oberlehrer Franzem und Becker.

1. **Religionslehre** (2 Stunden): Nach Königs Handbuch für mittlere Klassen die Lehre von Gott an sich und von Gott als Erlöser der Welt. Das Kirchenjahr, Erklärung lateinischer Hymnen und Kirchenlieder.
In beiden Abteilungen Lauffer.

2. **Deutsch** (3 Stunden): Erklärung prosaischer und poetischer Stücke aus dem Lesebuche von Kehrein, Untere Stufe; im Anschlusse daran Dispositionsübungen, Erklärung und Einprägung der im Kanon für diese Klasse bestimmten Gedichte nebst kurzen Mitteilungen über das Leben der Verfasser. — Fortsetzung und Erweiterung der Satzlehre. — Alle 3 Wochen ein Aufsatz.
In A der Klassenleiter, in B Kappe.

3. **Latein** (8 Stunden): Wiederholung und Erweiterung der Kasuslehre; Orts-, Zeit- und Raumbestimmungen; Gebrauch der Tempora und Modi; die Consecutio temporum und die Hauptregeln über die abhängige Rede; die Konjunktionen. Wöchentlich eine schriftliche Arbeit. — Die beiden ersten Bücher von Cäsars Bellum Gallicum, in Abteilung I außerdem das dritte. Aus Ovids Metamorphosen folgende Stellen: I, 1—10, 89—415; II, 1—327 mit einigen Ausscheidungen; VI, 146—400. In Abteilung A außerdem noch V, 339—571.
Die Klassenleiter.

4. **Griechisch** (6 Stunden): Die regelmäßige Formenlehre bis zu den Verben auf $\mu\iota$ nach Koch; mündliche und schriftliche Übersetzungen aus dem Deutschen nach Wesener I. Einprägung der zu den Übungsstücken gehörigen Wörter. Wöchentlich eine schriftliche Hausaufgabe, abwechselnd mit einer Stegreifarbeit in der Schule.
In A Dr. Bach, in B Dr. Thamm.

5. **Französisch** (3 Stunden): Aus der Schulgrammatik von Plötz Lektion 1—23. Mehrere Abschnitte der untern Abteilung der Wingerath'schen Sammlung wurden gelesen und einige Fabeln auswendig gelernt.

In A Dr. Thamm, in B der Klassenleiter.

6. **Geschichte und Geographie** (3 Stunden): Deutsche Geschichte bis zur Reformation; Übersicht über die physikalische und politische Geographie Europas mit eingehenderer Behandlung Mitteleuropas und namentlich des deutschen Reiches.

In A Fliegen, in B der Klassenleiter.

7. **Mathematik** (4 Stunden): Aus der Planimetrie (nach Boyman) Erweiterung der Dreieckslehre; das Viereck; Einführung in die Kreislehre; zahlreiche Konstruktionsaufgaben. Aus der Algebra (nach Heis) die 4 Grundrechnungen. Einleitung in die Gleichungslehre. Alle 3 Wochen eine schriftliche Arbeit.

In A Dr. Hahn, in B Rüting.

8. **Naturkunde** (2 Stunden): Einleitung in die Kryftallographie; Beschreibung der häufigsten Mineralien nach Kraß und Landois. Das Wichtigste aus der Petrographie.

In A und B Rüting.

9. **Zeichnen** (2 Stunden). Bei der Untersekunda nachzusehen. Weiß.

10. **Gesang** (2 Stunden): Einübung von kirchlichen und weltlichen Liedern mit Vereinigung beider Abteilungen. Schorn.

11. **Turnen** (2 Stunden): Ordnungs-, Frei- und Gerätübungen. Weiß.

Quarta, Abteilung A und B.

Klassenleiter: In A Dr. Thamm, in B Crou.

1. **Religionslehre** (2 Stunden): Nach Königs Handbuch für mittlere Klassen die Lehre von Gott an sich und von Gott als Erlöser der Welt; das Kirchenjahr. — Erklärung lateinischer Hymnen und Kirchenlieder.

In A und B Lauffer.

2. **Deutsch** (3 Stunden): Erklärung von Prosastücken und Gedichten aus der ersten Abteilung des Kehrein'schen Lesebuchs. Übungen im Nacherzählen und Vortrag auswendig gelernter Gedichte. — Wiederholung und Erweiterung der Formen-, Satz- und Interpunktionslehre. Alle 14 Tage ein Aufsatz und eine Niederschrift eines vorgelesenen Stückes.
In A der Klassenleiter, in B bis Weihnachten Schorn, dann Dr. Schwarz.

3. **Latein** (8 Stunden): Wiederholungen aus der Formenlehre. Die Hauptregeln der Kasuslehre. Aus Nepos 7 Lebensbeschreibungen; von Cäsars Bellum gallicum in A das erste Buch, in B das dritte. Übersetzungsübungen nebst Einprägung der dazu nötigen Wörter nach Wesener. Jede Woche eine Hausarbeit oder Stegreifübersetzung.
Die Klassenleiter.

4. **Französisch** (4 Stunden): Aus der Elementargrammatik von Plötz der Kursus für Quarta. In A Schies, in B der Klassenleiter.

5. **Geschichte und Geographie** (3 Stunden): Geographie von Altgriechenland und Altitalien, griechische und römische Geschichte nach dem Pütz'schen Grundriß für mittlere Klassen. Geographie der außereuropäischen Erdteile und das Wichtigste aus der mathematischen Geographie nach dem Leitfaden von Pütz-Behr.
In A Hüdepohl, in B Como.

6. **Mathematik** (4 Stunden): Dezimalbrüche, Regeldetri mit Dezimalbrüchen, Prozent- und Zinsrechnung, Planimetrie nach Boyman bis zu den Kongruenzsätzen einschließlich. In A Dr. Hahn, in B Dr. Pampuch.

7. **Naturkunde** (2 Stunden): Im Winter die Gliedertiere und der menschliche Körper; im Sommer das natürliche Pflanzensystem nebst Bestimmung und Besprechung vorliegender Pflanzen. In A Schies, in B Wernert.

8. **Zeichnen** (2 Stunden): Quadrat, Kreis, Blattformen, Köpfe.
In A und B Weiß.

9. **Gesang** (2 Stunden gemeinsam): Erlernung der Notenzeichen, rhythmisch-melodische Stimmbildungs- und Geläufigkeitsübungen; zweistimmige weltliche und einstimmige geistliche Lieder. Die geübteren Schüler nahmen an den Chorübungen teil.
Schorn.

10. **Turnen** (2 Stunden gemeinsam): Ordnungs-, Frei- und Gerätübungen. Häufiger Ausmarsch vor die Thore der Stadt, dabei Turnspiele.   Dr. Schwarz.

Quinta, Abteilung A und B.

Klassenleiter: Holtzmann und Como.

1. **Religionslehre** (2 Stunden): Das 2. Hauptstück des größeren Diözesankatechismus (Sittenlehre). Biblische Geschichte von David bis Christus nach Schuster.
  In A Holtzmann, in B Lauffer.

2. **Deutsch** (3 Stunden): Lesestücke aus der untern Stufe der Kehrein'schen Sammlung und Übungen in freier Wiedergabe des Gelesenen. Einprägung der für diese Klasse bestimmten Gedichte des Kanon. Das Wesentlichste aus der Satzlehre und die Hauptregeln der Satzzeichenlehre. Wöchentlich eine schriftliche Arbeit, Niederschrift von Vorgelesenem oder Abschrift aus dem Lesebuch; hie und da auch ein leichtes Aufsätzchen.
  In A Schorn, in B der Klassenleiter.

3. **Latein** (8 Stunden): Wiederholung der regelmäßigen und Hinzufügung der unregelmäßigen Formenlehre nebst den unumgänglichsten Regeln der Syntax nach Ellendt-Seyffert. Übersetzungen aus Wesener und Aneignung eines Wortschatzes nach dem dazu gehörigen Verzeichnis. Wöchentlich eine schriftliche Arbeit.
  Die Klassenleiter.

4. **Französisch** (4 Stunden): Erster Teil der Elementar-Grammatik von Plötz. Wöchentlich eine schriftliche Arbeit.   Loyson.

5. **Geographie und Geschichte** (2 Stunden): Wiederholung der geographischen Grundbegriffe. Geographie von Europa, eingehender die von Deutschland. Deutsche Sagen.   In A Fliegen in B der Klassenleiter.

6. **Rechnen** (3 Stunden): Wiederholung der Regeldetri in ganzen Zahlen und des Abschnittes über die Teilbarkeit der Zahlen. Die Rechnungen mit gewöhnlichen Brüchen

mit besonderer Berücksichtigung des Kopfrechnens; Regeldetri in Brüchen; die Dezimalbrüche. Alles dies nach Schellen I. Für jede Stunde eine kleine schriftliche Hausarbeit.

In A Schies, in B Schorn.

7. **Naturkunde** (2 Stunden): Im Winter nach Wiederholung der höheren Arten die Amphibien und Fische; im Sommer die Grundbegriffe von Wurzel, Stamm und Blatt, sodann Beschreibung einzelner Pflanzen.

In A Schies, in B Wernert.

8. **Schreiben** (2 Stunden für freiwillige Teilnehmer): Die kleinen und großen deutschen und lateinischen Schriftformen, einzeln und in Wörtern und Sätzen geübt.

Schorn.

9. **Zeichnen** (2 Stunden): Quadrat, Kreis, Blattformen nach Hertles und Kolbs Vorlagewerk und Wandtafeln.

In A und B Weiß.

10. **Gesang** (2 Stunden gemeinsam): Erlernung der Noten, Stimmbildungs- und Treffübungen. Einstimmige geistliche und zweistimmige weltliche Lieder. Die geübteren Sänger nahmen an den Chorübungen teil.

Schorn.

11. **Turnen** (2 Stunden gemeinsam): Ordnungs-, Frei- und Gerätübungen; häufiger Ausmarsch vor die Thore der Stadt, dabei Turnspiele.

Dr. Schwarz.

Sexta, Abteilung A und B.

Klassenleiter: Loyson und Fliegen.

1. **Religionslehre** (2 Stunden): Das 1. Hauptstück des größeren Diözesankatechismus (Glaubenslehre). Biblische Geschichte von Adam bis David. Kurze Erklärung des Kirchenjahres.

In A und B Lauffer.

2. **Deutsch** (5 Stunden): Ausgewählte Erzählungen und Gedichte aus der untern Stufe des Kehrein'schen Lesebuches. Nacherzählungen und Vortrag von Gedichten aus dem Gedächtnis. — Starke und schwache Deklination und Konjugation, die Präpositionen,

der einfache und erweiterte Satz. Wöchentlich eine Nachschrift von Vorgelesenem zur Einübung der Rechtschreibung.   In A Ducret, in B der Klassenleiter.

3. **Latein** (7 Stunden): Die regelmäßige Formenlehre nach Ellendt-Seyffert nebst den dazu gehörigen Übungsstücken aus Wesener I; Einprägung der nötigen Wörter nach Weseners Verzeichnis. Wöchentlich eine schriftliche Arbeit.
                                             Die Klassenleiter.

4. **Geographie und Geschichte** (2 Stunden): Erklärung der geographischen Grundbegriffe; Übersicht über die Geographie der 5 Erdteile. Das Hauptsächlichste aus der griechischen und römischen Sagengeschichte.
       In A bis Weihnachten der Klassenleiter, dann Dr. Schwarz,
             in B der Klassenleiter.

5. **Rechnen** (4 Stunden): Nach Schellen die 4 Grundrechnungsarten in ganzen unbenannten und benannten Zahlen mit möglichster Berücksichtigung des Kopfrechnens; die Lehre von der Teilbarkeit der Zahlen, dem größten gemeinschaftlichen Teiler und dem kleinsten gemeinschaftlichen Dividenden; Regeldetri in ganzen Zahlen; die Anfänge der Bruchrechnung.   In A Schies, in B Schorn.

6. **Naturkunde** (2 Stunden): Im Winter das Knochengerüst der Wirbeltiere und Beschreibung einzelner Säugetiere nach dem 1. Kursus von Vogels Zoologie; im Sommer Beschreibung von Pflanzen mit besonderer Berücksichtigung von Stamm und Blatt nach dem 1. Kursus von Vogels Botanik.   In A Ducret, in B Wernert.

7. **Schreiben** (2 Stunden): Deutsche und lateinische Schriftformen nach ihrer Zusammensetzung und Entwickelung. Zusammenfügung derselben zu Wörtern und Sätzen.
                                             In A Schies, in B Ducret.

8. **Gesang** (2 Stunden gemeinsam): Erlernung der Noten und Treffübungen. Einstimmige geistliche und weltliche Lieder   Schorn.

9. **Turnen** (2 Stunden): Ordnungs- und Freiübungen.
                                             In A und B Wernert.

Vorschule.

Erste Vorschulklasse (Septima).

Klassenleiter: **Schies**.

1. **Religionslehre** (3 Stunden): Der kleine Diözesankatechismus. Ausgewählte Abschnitte aus der Biblischen Geschichte von Schuster. **Lauffer.**

2. **Deutsch** (8 Stunden): Lesestücke und Gedichte aus dem Püttelkow'schen Lesebuch für die Mittelstufe. Wörtliche Einprägung einzelner Abschnitte der behandelten Lesestücke; 10 Gedichte wurden auswendig gelernt. Schriftliche Wiedergabe im Unterrichte vorbereiteter Beschreibungen. Unterscheidung der Wortarten und der Bezeichnungen für die Abwandlung. Zergliederung einfacher und erweiterter Satzformen. Übungen in der Rechtschreibung. Wöchentlich wenigstens ein Diktat. Täglich eine kleine schriftliche Arbeit im Anschluß an den Lesestoff oder an den Unterricht in Grammatik und Rechtschreibung als Hausaufgabe. **Ducret.**

3. **Geographie** (1 Stunde): Elsaß-Lothringen. **Schorn.**

4. **Rechnen** (4 Stunden): Übungen im Lesen und Schreiben größerer Zahlen; die vier Grundrechnungen mit größern unbenannten und benannten Zahlen nach Kentenichs Rechenschule II, 4. und 5. Stufe. **Der Klassenleiter.**

5. **Schreiben** (3 Stunden): Deutsche und lateinische Schriftformen nach ihrer Zusammensetzung und Entwicklung. **Der Klassenleiter.**

6. **Gesang** (1 Stunde, vereinigt mit der 2. und 3. Vorschulklasse): Einstimmige geistliche und weltliche Lieder, nach dem Gehör eingeübt. **Wernert.**

7. **Turnen** (1 Stunde, vereinigt mit der 2. und 3. Vorschulklasse): Ordnungs- und Freiübungen, namentlich Arm- und Beinbewegungen. **Wernert.**

Zweite Vorschulklasse (Octava).

Klassenleiter: Wernert.

1. **Religionslehre** (3 Stunden): Die wichtigsten Gebete. Die Glaubenslehre nach dem kleinen Diözesankatechismus. Das alte Testament nach der kleinen Ausgabe von Schuster. Lauffer.

2. **Deutsch** (10 Stunden): Wiederholung des zweiten Teils der Fibel; dann wurde das Lesen und Nacherzählen an leichtern Stücken des Püttelkowschen Lesebuchs (Mittelstufe) geübt. Daneben Vortrag auswendig gelernter Gedichte, häusliche Abschriften und wöchentliche Niederschrift vorgesprochener Wörter und Sätze. Belehrungen über die wichtigsten Redeteile. Der Klassenleiter.

3. **Rechnen** (4 Stunden): Die vier Grundrechnungen im Zahlenumfang von 1—100. Ducret.

4. **Schreiben** (3 Stunden): Übung in den Grundbestandteilen. Das kleine und große deutsche Alphabet nach der Formenverwandtschaft der Buchstaben; daneben Zifferschreiben. Ducret.

5. **Gesang** (1 Stunde). Bei der 1. Vorschulklasse nachzusehen. Der Klassenleiter.

6. **Turnen** (1 Stunde). Desgleichen. Der Klassenleiter.

Dritte Vorschulklasse (Nona).

Klassenleiter: Ducret.

1. **Religionslehre** (3 Stunden). Vereinigt mit Octava. Lauffer.

2. **Deutsch** (10 Stunden gemeinsam mit Octava): der 1. Teil der Püttelkow'schen Fibel. Sprechübungen über Gegenstände aus dem Anschauungskreise. Vortrag kleiner Gedichte aus dem Gedächtnis. Wernert.

3. **Rechnen** (5 Stunden): Übungen im Zahlenumfang von 1—100 nach Kentenichs Rechenfibel. Wernert.

4. **Schreiben** (3 Stunden). Mit der 2. Vorschulklasse vereinigt.
Der Klassenleiter.

5. **Gesang** (1 Stunde). Mit der 1. und 2. Vorschulklasse vereinigt.
Wernert.

6. **Turnen** (1 Stunde). Desgleichen. Wernert.

Verzeichnis der eingeführten Lehr- und Lesebücher.

Religionslehre. In den Vorschul- und Gymnasialklassen bis Quinta einschl.: Schusters Biblische Geschichte und der Diözesankatechismus; in Quarta, Tertia und Sekunda: König, Handbuch für den Religionsunterricht in den mittleren Klassen der Gymnasien und Realschulen; in Prima: dessen Lehrbuch für obere Klassen.

Deutsch. In der dritten Vorschulklasse: Fibel von Püttelkow; in den übrigen Abteilungen der Vorschule: Püttelkows Lesebuch für die Mittelstufe der kathol. Elementarschulen; in den Gymnasialklassen bis Untertertia: Kehreins Lesebuch für die unteren Klassen, Regeln und Wortverzeichnis für die deutsche Rechtschreibung; in Obertertia, Sekunda und Prima: Kehreins Lesebuch für die oberen Klassen.

Latein. In allen Gymnasialklassen: Ellendt-Seyfferts Lateinische Grammatik; in der Sexta und Quinta: Weseners Lat. Elementarbuch I bez. II; in der Quarta und Tertia: Ostermanns Übungsbuch I bez. II; in Sekunda und Prima: Süpfle II.

Griechisch. In allen Klassen von Untertertia aufwärts: Kochs Kurzgefaßte griech. Schulgrammatik; daneben in Untertertia Weseners Griech. Elementarbuch I, in Obertertia I und II.

Französisch. In Quinta: Französisches Elementarbuch von Plötz; in Quarta bis Prima: Plötz, Schulgrammatik; in Quarta und Tertia: die erste Abteilung von Wingerath, Choix de lectures françaises, in Sekunda die zweite.

Geographie. In den Gymnasialklassen bis Quinta einschl.: von Seybitz, Grundzüge der Geographie; in den übrigen Klassen: Pütz-Behr, Leitfaden für die vergleichende Erdbeschreibung.

Geschichte. In Quarta: Pütz-Cremans, Grundriß der alten Geographie und Geschichte für mittlere Klassen; in Tertia: derselben Verfasser Grundriß der deutschen Gesch. für mittl. Klassen; in Sekunda und Prima: Pütz-Cremans, Grundriß der alten Gesch. für obere Klassen.

Mathematik. In der dritten Vorschulklasse: Kentenichs Rechenschule I; in den übrigen Vorschulabteilungen: Kentenich II; in den Gymnasialklassen bis Quarta: Schellens Rechenbuch; in Quarta bis Sekunda: Boymans Geometrie der Ebene; in Obersekunda und Prima: dessen Ebene Trigonometrie und Geometrie des Raumes; in Tertia bis Prima: Heis, Algebra.

Naturkunde. In den Gymnasialklassen bis Tertia: Bogel, Müllenhoff und Kienitz, Leitfaden für den Unterricht in der Botanik und Zoologie; in Untertertia: Kraß und Landois, Mineralreich; in der Sekunda und Prima: Münch, Physik.

Hebräisch. Seffers Elementarbuch.

II. Verfügungen des Oberschulrats.

Den 10. August 1889. Der eingereichte Plan der Unterrichtsverteilung für das kommende Schuljahr wird genehmigt.

Den 28. Oktober 1889. Bestimmung der diesjährigen Ferien. Näheres in der Chronik.

Den 11. November 1889. Genehmigung der Heranziehung des Lehrers Dr. Hilar Schwarz.

Den 9. Dezember 1889. Neue Verteilung der wöchentlichen Lehrstunden auf die einzelnen Unterrichtsfächer der Realschule.

Den 8. Januar 1890. Verfügung anläßlich der Trauerfeier für die hingeschiedene Kaiserin Augusta.

Den 24. Februar 1890. Bestimmungen über die Erteilung des Militärzeugnisses und des hierbei zu führenden Protokollbuchs.

Den 30. Juni 1890. Bestätigung des Unterrichtsverteilungsplans für das Schuljahr 1890/91.

III. Chronik der Schule.

Noch in die letztverwichenen Herbstferien fielen die Kaisertage vom 20. bis 23. August mit ihrem lauten Festesjubel und ihrer freudigen Begeisterung. Den ortsanwesenden Lehrern und Schülern war es vergönnt, sich an den Empfangsfeierlichkeiten, dem großartigen Lampionzuge und andern Ihren Kaiserlichen Majestäten dargebrachten Huldigungen zu beteiligen. Den in der Ferne weilenden Direktor vertrat hierbei Dr. Barth, der sich namentlich auch um die recht würdige und ansprechende Verzierung des Anstaltsgebäudes verdient machte, wofür ihm auch hier warmer Dank ausgesprochen wird.

Ebenso beteiligte sich am 24. April ds. Js. die Anstalt mit den übrigen der Stadt an der Bewillkommnung Sr. Majestät des Kaisers auf dem Broglie.

Das neue Schuljahr begann Montag den 16. September mit der Prüfung der neueintretenden Schüler; der Unterricht nahm erst am folgenden Tage seinen Anfang. Donnerstag den 19. September wurde durch Herrn Generalvikar Schott unter Assistenz zweier Geistlichen der Anstalt die übliche feierliche Eröffnungsmesse zum h. Geist abgehalten.

Am 15. Januar trat der bisher am Aposteln-Gymnasium zu Köln beschäftigte Gymnasiallehrer Dr. Hilar Schwarz in das Lehrerkollegium ein, der über seinen bisherigen Lebensgang dem Berichterstatter folgende Angaben zukommen ließ:

Dr. Hilar Schwarz, geboren am 15. Nov. 1858 zu Ahrem bei Köln, erwarb Ostern 1879 am Gymnasium zu Zabern das Zeugnis der Reife und studierte dann zu Bonn und Tübingen Geschichte, Deutsch und Französisch. Am 11. August 1884 erlangte er auf Grund der Abhandlung „Landgraf Philipp und die Pack'schen Händel" die philosophische Doktorwürde an der Bonner Hochschule und legte daselbst am 6. Februar 1886 die Staatsprüfung ab. Im Herbst 1885 war er zur Ableistung des Probejahrs bei dem Katholischen Gymnasium an Aposteln zu Köln eingetreten; an dieser Anstalt verblieb er als kommissarischer Lehrer bis zu seiner Übersiedelung nach Straßburg.

Dagegen verließ uns in den Pfingstferien der erste Religionslehrer Franz Joseph Wernert, der seit Herbst 1883 mit Pflichttreue und Segen an der Anstalt gewirkt hatte, um das Pfarramt in Truchtersheim zu übernehmen. Er wird bei uns allen stets im besten Andenken verbleiben. Seine Stunden wurden vorläufig unter die zur Verfügung stehenden Lehrer umgelegt.

Den 7. und 8. Oktober unterzog Herr Professor Dr. Stilling von der hiesigen Universität die Augen unserer Schüler einer Untersuchung auf Kurzsichtigkeit.

Der am 8. Januar erfolgte Tod der Kaiserin Augusta wurde zunächst am folgenden Tage den vereinigten Schülern in einer kurzen Ansprache des Unterzeichneten mitgeteilt. Ein Trauerakt in größerem Maßstabe fand am 14. Januar, dem Tage der Beisetzung, statt, wobei der Oberlehrer Frauzem die hohen Verdienste und Tugenden der Hingeschiedenen in längerer Rede feierte und der Schülerchor zwei Trauerlieder vortrug.

Die Begehung des Kaisergeburtstags bestand in diesem Jahre in einer einfachen, aber würdigen Vorfeier, welche bereits am Samstag den 25. Januar in dem festlich geschmückten großen Speisesaale abgehalten wurde, weil der Knabenchor des Gymnasiums am Feste selbst in Vereinigung mit dem Straßburger Männergesangverein während des Hochamts im Münster einige Lieder und Chöre vortragen sollte. Diese Gesangaufführung war vom besten Erfolge begleitet und förderte sehr die Erbauung und Erhebung der Anwesenden, so daß die langwierige und mühevolle Einübung reichlich belohnt ward. Die erwähnte Vorfeier bestand in Gedichtvorträgen, Gesang und Instrumentalmusik der Schüler, sowie einer Festrede des Berichterstatters, welche die unermüdliche, aufopferungsvolle und segensreiche Thätigkeit des jugendkräftigen Fürsten zum Gegenstande hatte.

Am 17. März ward in einem außerordentlichen Termine unter dem Vorsitz des Geheimen- und Oberschulrats Dr. Albrecht die Prüfung zweier Abiturienten vorgenommen. Beide erhielten das Zeugnis der Reife. Näheres in den Statistischen Mitteilungen.

In die Abgangsprüfung des Sommertermins, welche am 25. und 26. Juli vor sich gehen soll, nachdem der schriftliche Teil der Prüfung vom 9. bis 12. Juni voraufgegangen ist, werden 14 Oberprimaner der Anstalt und als Externer ein früherer Zillisheimer Schüler eintreten. Das Ergebnis derselben kann erst an der soeben erwähnten spätern Stelle des Programms mitgeteilt werden.

Donnerstag den 12. Juni fand die Feier der ersten hl. Kommunion statt, welche diesmal die stattliche Zahl von 64 Erstkommunikanten umfaßte. Der hochwürdigste Herr Bischof, der sonst persönlich Altarssakrament und Firmung zu spenden pflegte, war leider durch das schon damals ihn bedrückende andauernde Siechtum verhindert, der Anstalt heuer diese hohe Ehre zu widmen. Als sein Stellvertreter las Herr Generalvikar Schott unter Assistenz von Anstaltsgeistlichen die durch weihevolle Gesänge des Chors verschönerte Festmesse und spendete auch die Kommunion. Eingeleitet wurde die Feier durch eine tief ergreifende Predigt des Herrn Superiors Stöffler, der auch den Vorbereitungsunterricht geführt hatte. Derselbe nahm am Nachmittage nach einer zweiten Ansprache den Kommunikanten die Erneuerung des Taufgelübdes ab, worauf Herr Kanonikus Ott, Superior des Priesterseminars, mit einem Segen den so schön verlaufenen Tag beschloß.

Der 29. Juni, der Tag der Apostelfürsten und Namenstag des hochwürdigsten Herrn Bischofs Dr. Stumpf, sonst für die Anstalt ein Anlaß hoher Freude, verging diesmal in trüber, gedrückter Stimmung, da das Leiden des hohen Herrn sich in besorgniserregender Weise verschlimmert hatte. Desto wärmer und unablässiger sind unsere Bitten für seine Gesundung zum Himmel gestiegen. Und das fortgesetzte Gebet seines ganzen treuanhänglichen Sprengels ist endlich erhört worden, so daß wir jetzt bereits mit Vertrauen in die Zukunft blicken können.

Unter dem geschilderten Drucke, der den größten Teil des Sommers auf uns lastete, mußten weitere Ausflüge der Anstalt diesmal unterbleiben; nur bescheidene Nachmittagsspaziergänge einzelner Klassen haben stattgefunden.

Die Ferien des vergangenen Schuljahrs waren folgende:
um Weihnachten vom 21. Dezember bis zum 2. Januar,
um Ostern vom 29. März bis 13. April,
um Pfingsten vom 24. Mai bis 1. Juni.

Der Gesundheitszustand war bei Lehrern wie Schülern in diesem Jahre wenig günstig, der Unterricht und Schulbesuch also vielfach durchbrochen. Namentlich war die Heimsuchung durch die Influenza bei uns besonders lästig und allgemein. Im ganzen haben 357 Schüler an der Krankheit gelitten, und zwar meist längere Zeit. Am 7. Januar lagen beispielsweise 120 Schüler und 4 Lehrer darnieder. Dazu kamen noch manche andere Krankheitsunterbrechungen, so daß sich zeitweilig nur mit äußerster Mühe der Unterricht hat durchführen lassen.

Drei brave Schüler verlor die Anstalt durch den Tod:

1. Luzian Ehrhard von Fegersheim, zuletzt Schüler der Untersekunda, verließ die Anstalt vorläufig im Spätherbst 1886, um seine geschwächte Gesundheit in der Heimat herzustellen, konnte aber seine Studien nicht wieder aufnehmen; er starb am 27. November v. Js. und wurde am 30. November beerdigt.

2. Ludwig Lhermitte aus Straßburg, Schüler der obersten Vorschulklasse, gestorben an den Folgen der Influenza am 14. Januar 1890 und zu Grabe getragen am 16. Januar.

3. Laurenz Fix von Dossenheim, Schüler der Quinta, starb nach längerer schwerer Krankheit in der Heimat am 9. März und wurde daselbst am 12. März zur ewigen Ruhe gebettet.

Allen dreien gaben die Lehrer, die ihnen am nächsten gestanden, und die Mitschüler ihrer Klasse das Grabgeleite. Requiescant in pace.

IV. Statistische Mitteilungen.

A. Übersicht über den Schulbesuch für das Schuljahr 1889/90.

	A. Gymnasium.									B. Vorschule.			
	O I	U I	O II	U II	O III	U III	IV	V	VI	Sa.	1	2	3	Sa.
1. Bestand am 1. Juli 1889	18	16	33 +	45 +	50 +	48 +	61 +	78 +	75 +	424	55	31	20	106
2. Zugang durch Versetzung am Schluß des Schuljahres 1888/89	14	23	38	39	35	46	56	49	38	338	27	13	—	40
3. Abgang am Schluß des Schuljahres 1888/89	17	1	2	3	1	2	2	5	4	37	5	2	—	7
4. Zugang durch Aufnahme in die Schule am Anfang des Schuljahres 1889/90	1	2	—	14	1	2	13	21	33	87	7	2	9	18
5. Bestand am 1. November 1889	16	24	39 +	58 +	43 +	50 +	80 +	71 +	89 +	470	47	17	16	80
6. Zugang im Laufe des Schuljahres 1889/90 bis 1. Juli 1890	1	2	2	2	3	3	4	5	2	24	5	10	7	22
7. Abgang im Laufe des Schuljahres 1889/90 bis 1. Juli 1890	2	1	5	1	1	7	4	6	11	38	5	2	2	9
8. Bestand am 1. Juli 1890	15	25	36 +	59 +	45 +	46 +	80 +	70 +	80 +	456	47	25	21	93
9. Durchschnittsalter am 1. Juli 1890	$20_{/1}$	$19_{/1}$	19	$17_{/1}$	17	$14_{/9}$	$13_{/6}$	$12_{/9}$	$12_{/6}$	—	$10_{/3}$	$9_{/3}$	$7_{/3}$	—

Bemerkung: Das Zeichen + bedeutet, daß die Klasse in Parallelabteilungen getrennt unterrichtet wird.

B. Religions- und Heimatsverhältnisse der Schüler.

	A. Gymnasium.					B. Vorschule.				
	Katholiken.	Evangelische.	Einheimisch am Schulort.	Auswärtige.	Ausländer.	Katholiken.	Evangelische.	Einheimisch am Schulort.	Auswärtige.	Ausländer.
1. Bestand am 1. Juli 1889	420	4	203	221	2	106	—	104	—	2
2. Bestand am 1. November 1889 . . .	467	3	210	260	—	80	—	78	—	2

Das Zeugnis für den einjährig-freiwilligen Heeresdienst haben in der Zeit vom 1. Juli 1889 bis dahin 1890 erhalten 38 Schüler, von denen 5 zu einem praktischen Berufe abgegangen sind.

In dem mit dem Gymnasium verbundenen Internat waren 167 Zöglinge, in dem Hause St. Joseph 54 untergebracht.

C. Übersicht über die Abiturienten.

1. Prüfung am 17. März 1890.

Nr.	Namen.	Geburtsort.	Geburtsdatum.	Konfession.	Stand und Wohnort des Vaters.	Am Bischöfl. Gymnasium	In Prima	Gewählter Beruf.
1	Fürst Max	Karlsruhe	26. Mai 1868	kath.	† Rechtsanwalt, Karlsruhe	2½ J.	2½ J.	Rechtswissenschaft.
2	Halm Max	Adenau, Reg.-Bez. Koblenz	1. Juli 1871	kath.	Bürgermeister, Metz	½ J.	2½ J.	Rechts- und Staatswissenschaft.

2. **Prüfung am 25. und 26. Juli 1890.**

Nr.	Namen.	Geburtsort.	Geburts-datum.	Kon-fession.	Stand und Wohnort des Vaters.	Am Bi-schöfl. Gymnasium	In Prima.	Gewählter Beruf.
1	Albrecht Heinr.	Straßburg	27. Juni 1872	kath.	Kaufmann, Straßburg	7 J.	2 J.	Theologie.
2	Batt Karl	Memmels-hofen	20. Mai 1869	"	Lehrer, Memmelshofen	7 J.	2 J.	Theologie.
3	Billig Alfons	Landser	28. Juli 1871	"	Notar, Landser	3 J.	2 J.	Rechtswissen-schaft.
4	Bund Anton	Zinsweiler	20. März 1869	"	Landwirt, Zinsweiler	3 J.	2 J.	Theologie.
5	Ginglinger Paul	Egisheim	24. Juni 1870	"	Landwirt, Egisheim	3 J.	2 J.	Theologie.
6	Haaser August	Dingelsdorf b. Konstanz	1. Mai 1870	"	Steueraufseher, Straßburg	3 J.	2 J.	Theologie.
7	Kröner August	Oberburn-haupt	26. Aug. 1869	"	† Landwirt, Oberburnhaupt	3 J.	2 J.	Theologie.
8	Loyson Georg	Straßburg	8. Febr. 1866	"	Rentner, Straßburg	7 J.	2 J.	Theologie.
9	Lutz Andreas	Krautergers-heim	7. Nov. 1868	"	Landwirt, Krautergersheim	3 J.	2 J.	Theologie.
10	Meyer Joh. Bapt.	Rieding (Lothr.)	2. Juli 1868	"	Kaufmann, Rieding	3 J.	2 J.	Rechtswissen-schaft.
11	Reibel Joseph	Bolsenheim.	9. Januar 1873	"	Lehrer, Saud	7 J.	2 J.	Steuerfach.

Aufgaben für die schriftliche Abgangsprüfung.

a) im Ostertermin.

Deutscher Aufsatz: Grundzüge des römischen Charakters.

Mathematische Aufgaben: 1. Einen Kreis zu zeichnen, dessen Inhalt fünfmal so groß ist, als der eines gegebenen Kreises.

2. Wie groß ist das Volumen desjenigen Kugelkegels, der von der nördlichen kalten Zone teilweise begrenzt wird? (Erddurchmesser $2r = 1717$ geogr. Meilen.)

3. Bei einem Dreieck aus $r = 3,45$ cm, $\alpha = 47°\ 16'\ 42''$, $\beta = 67°\ 19'\ 56''$ den Radius ρ zu berechnen.

4. Ein Körper fällt frei herab; $t (= 3)$ Sekunden nach seinem Abgange wird ein anderer Körper von demselben Abgangsorte senkrecht abwärts mit der Geschwindigkeit $c (= 98\ m)$ geworfen. Nach welcher Zeit vom Abgange des frei fallenden Körpers an gerechnet, treffen sich die beiden Körper?

b) im Sommertermin.

Deutscher Aufsatz: Viel Gewaltiges lebt, doch nichts ist gewaltiger, als der Mensch.

Mathematische Aufgaben: 1. Eine Rente von 950 M., welche 8 Jahre lang zu beziehen ist und bei der die Zinseszinsen mit 3% berechnet werden, soll durch eine andere Rente ersetzt werden, welche 7 Jahre zu beziehen ist und bei welcher die Zinseszinsen mit $3\frac{1}{2}\%$ berechnet werden.

2. Einen Punkt so zu bestimmen, daß von ihm aus 3 gegebene Kreise unter gleichen Winkeln erscheinen.

3. Es ist nachzuweisen, daß $\sin 2\alpha + \sin 2\beta - \sin 2\gamma = 4 \cos\alpha \cos\beta \sin\gamma$ ist, wenn α, β und γ die Winkel eines Dreiecks sind.

4. Über einem gleichseitigen Dreieck mit der Seite a sollen ein gerades Prisma und eine gerade Pyramide von gleicher Höhe so konstruiert werden, daß jede Seitenfläche der Pyramide gleich jeder Seitenfläche des Prismas wird. Wie groß ist die gemeinschaftliche Höhe beider Körper?

V. Sammlung von Lehrmitteln.

1. Bibliothek.

Der unter der Verwaltung des Gymnasiallehrers Dr. Barth stehenden Lehrerbibliothek wurden nachbenannte Geschenke zugewendet. Vom Kaiserl. Oberschulrat: Kirchner, Elsaß im Jahre 1648. Dazu 15 Karten, die Territorialverhältnisse des Elsasses vom Jahre 1648 darstellend.

Vom Geheimen Medizinalrat Dr. Krieger in Straßburg: Topographie der Stadt Straßburg, 2. Aufl.

Von den Abiturienten des Sommers: Gervinus, Shakspere.

Vom Berichterstatter: Oersted, Der Geist in der Natur, 2 Bde. Ludovika Hesekiel, Alaaf Köln.

Die in 3 Abteilungen getrennte Schülerbibliothek weist folgenden Zuwachs durch Geschenke auf:

Von Herrn Apotheker Rügenberg hierselbst: Seb. Brunner, Woher? Wohin? Gesammelte Erzählungen in 8 Bdchen.

Von den diesjährigen Oberprimanern, und zwar von Max Fürst: Cäsars Bellum Gallicum und Wingeraths Französische Chrestomathie. Von Ant. Bund: Capelle, Anleitung zum lat. Aufsatz. Von Jos. Meyer: Bergers Lat. Stilistik; Montesquieu, Considérations sur les causes de la grandeur des Romains et de leur décadence.

Von den Unterprimanern schenkten Mart. Blumstein: Hanffs Lichtenstein; Zwölfte Homilie des h. Chrysostomus. Eugen Burckert: Platous Laches; Heimatskunde des Kreises Erstein; Oeuvres de Lafontaine; Il Bardo della selva nera; Leone Mark, Azurri e Rossi. Al. Bosch: Ovids Tristia. Raim. Forster: Körners Werke; Gedichte Walthers von der Vogelweide; Horace, par Corneille. Karl Gruß: Molière, L'Avare. Heinr. Held: Katholische Dichterschule, 1. u. 2. Jahrgang; Rohling, Louise Lateau. Jos. Kandel: Wisemann Fabiola. Georg Merckel: Götz von Berlichingens Lebensbeschreibung und Shakperes König Heinrich. Leo Mühlenbein: Les aventures de Télémaque, par Fénelon; Knie, Ueber Hans Herrigs Luther. Jos. Pfleger: Lessings poet. u. dramat. Werke; Göthes Götz von Berlichingen; Tegners Frithjofs-Sage; Die Influenza. Laur. Pfleger: Racine, Esther. Karl Scharsch: Shakperes König Heinrich, sowie Antonius und Kleopatra. Aug. Schorong: Bosen, Das Christentum und die Einsprüche seiner Gegner. Telesph. Schwein: Spruners Historischer Schulatlas. Phil. Singer: Deutscher Hausschatz von 1874. Alf. Stoll: Eichendorf, Aus dem Leben eines Taugenichts. Jos. Victori: Hägeli, Die Merowingerpfalz; Droste-Hülshoff, Die Judenbuche; Schlegel, Griechisches und römisches Theater. Ernst Kah: De Maistre, Die Gefangenen im Kaukasus; Kalberon, Andacht zum Kreuze; Boßler, Flora der Gefäßpflanzen in Elsaß-Lothringen.

Von den Obersekundanern lieferte Düffner: Margraff, Deutsche Kampf- und Freiheitslieder; Schillings Mineralreich. Jos. Körner: Herbers Cid; Augier et Samdeau, Le Gendre de M. Poirier; Girardin, La joie fait peur.

Von den Untertertianern gingen 8 Bdchen. Jugendschriften ein.

Der Berichterstatter spendete ein illustrirtes Schulwörterbuch zur Germania des Tacitus, außerdem Conscience, Hugo von Craenhove und das Wunderjahr (in einem Bande). Außerdem sandten verschiedene Buchhandlungen kleinere Werke ihres Verlags ein, die teils der Lehrer-, teils der Schülerbibliothek zugewendet wurden.

2. Die geographische Sammlung.

Der Kaiserl. Oberschulrat ließ uns die beiden Kirchner'schen Karten zukommen: Das Elsaß im J. 1789 und das Reichsland Lothringen und seine Territorialverhältnisse am 1. Februar 1867.

Desgleichen bedachte der Oberschulrat die Anstalt mit einem schönen, großen Farbenbilde Kaiser Wilhelms II, das uns zu besonders warmem Danke verpflichtet.

3. Naturaliensammlung und physikalisches Kabinet.

Es wurden nur einige bei den Versuchen verbrauchte Stoffe ersetzt.

VI. Stiftungen und Unterstützungen von Schülern.

Durch das Bischöfliche Patronat wurden 10 Schüler vom ganzen und 13 vom halben Schulgeld befreit.

VII. Mitteilung an die Schüler und deren Eltern.

Zum Beschluß des Schuljahres findet Freitag den 1. August um 3 Uhr eine musikalisch-deklamatorische Schulfeier statt, mit welcher die Entlassung der Abiturienten verbunden wird. Die Angehörigen der Schüler und die Gönner der Anstalt sind dazu freundlichst eingeladen. Am folgenden Tage wird ein Dankgottesdienst mit Tedeum abgehalten, nach dessen Beendigung die Zeugnisse ausgeteilt und die Schüler entlassen werden.

Das neue Schuljahr nimmt Montag den 15. September seinen Anfang, wo von 8 Uhr morgens ab die neueintretenden Schüler, welche nicht von einer berechtigten Anstalt kommen, der vorgeschriebenen Prüfung unterzogen werden; die übrigen haben sich erst am folgenden Tage zu der gewohnten Schulzeit einzustellen. Persönliche Anmeldungen bittet der Unterzeichnete wo möglich in der ersten oder letzten Ferienwoche zu machen. Bei der Anmeldung ist ein Geburts- und Impfschein, auch zutreffenden Falles ein Abgangszeugnis der zuletzt besuchten Schule vorzulegen.

Für die unterste Vorschulklasse, in welche die Aufnahme mit vollendetem 6. Lebensjahre erfolgen kann, werden keine Vorkenntnisse verlangt, für die übrigen Klassen dieselben, wie an anderen Gymnasien, und wie sie sich aus dem vorliegenden Berichte ergeben. Wer sein Kind überhaupt der Vorschule anvertrauen will, wird wohl daran thun und unnötige Zeitversäumnis sich ersparen, wenn er dasselbe gleich in dem oben angegebenen Alter ohne Vermittelung einer andern Schule der untersten Klasse zuführt. Auch ist es sehr wünschenswert, daß der Eintritt in die Sexta und damit der Beginn des Lateinstudiums vor dem vollendeten 10. Lebensjahre geschieht, was nach den bisherigen Erfahrungen namentlich von den auf dem Lande wohnenden Eltern nicht genug beachtet wird. Bei dieser Gelegenheit mache ich noch besonders darauf aufmerksam, daß die Vorbereitung zur ersten heiligen Kommunion an der Anstalt selbst mit aller Sorgfalt stattfindet, wie sich dieselbe denn auch bemüht, dieses schöne Fest möglichst würdig und feierlich zu gestalten.

Das Schulgeld beträgt für die Vorschulklassen sowie Sexta und Quinta 60, für Quarta und Tertia 75, für Sekunda und Prima 90 Mark; dasselbe wird in drei Teilen, deren Termin und Höhe den Eltern jedesmal vorher bekannt gemacht wird, an die Rendantur der Anstalt entrichtet.

Mit der Anstalt ist auch ein Internat verbunden, das unter die Leitung des Herrn Superiors Stöffler gestellt ist. Der Prospekt desselben kann durch den letztgenannten Herrn oder auch durch den Unterzeichneten bezogen werden.

Der Direktor **Dr. Juß.**